한순간 여름 같은

휴머니스트 세계문학 045

한순간 여름 같은
Summer-like for an Instant

조지 오웰 | 심지아 옮김

차례

제1부 시

우정과 사랑 009
때론 깊어가는 어느 가을날엔 010
한순간 여름 같은 013
노래 015
히스 마스터스 보이스 축음기 공장 근처 폐허가 된 농장에서 017
사진가 021
옷 입은 남자와 벌거벗은 남자 023
우리의 마음은 결혼했지만, 우리는 너무 어려요 026
내 사랑과 나는 어둠 속을 걸었다 027
이교도 029
부상당한 크리켓 선수(월트 휘트먼풍은 아님) 030
노래 032
친애하는 친구야, 잠시만 내 말을 들어주겠니 034
치약 광고에서 착상을 얻어 036
1935년 성 앤드루의 날 037

나는 행복한 사제로 살아갔을지도 모르지 040
이탈리아인 의용병이 내 손을 잡았다 043
이 땅의 짐승들 047
나폴레옹 동지 049
대공습의 추억 051
조지프 힉스, 이 교구에 살았던 고인 054

제2부 에세이

두꺼비 단상 059
가난한 이들은 어떻게 죽는가 067
나는 왜 쓰는가 086
한 편의 시가 주는 의미 100
그 브레이 교구 성직자에 대한 변론 한마디 107
물속의 달 115
난센스 시 120
불쾌함 없는 재미 129
문학의 질식 143
시와 마이크 166

제3부 라디오 대본 181

옮긴이의 말 | 갈린 풀 줄기들의 마음을 깨어나게 하네 199

일러두기

1. 번역 대본으로는 George Orwell, *George Orwell the Complete Poetry*(Finlay Publisher, 2015), *George Orwell: Essays*(Penguin Books, 2000), *Orwell: The War Broadcasts*(Duckworth, 1985)를 사용했다.
2. '원주'를 제외한 나머지 주석은 모두 옮긴이 주다.

제1부
시

우정과 사랑

우정과 사랑은 서로 얽혀 꼭 붙어 있기에,
내 심장은 네 다정한 마음에 속해 있어,
그러나 냉담한 햇볕 가득한 들판, 구름 그늘 드리우네.
내 사랑은 네 무심한 마음에 닿을 길 도무지 모르네.

(1921년, 여름)

때론 깊어가는 어느 가을날엔

때론 깊어가는 가을날,
제비들 날아가버린, 바람마저 잠든 날들엔,
안개 속 앙상한 느릅나무들 생각에 잠겨,
한 그루 한 그루 홀로, 꿈에 잠긴, 존재일 때,

나는, 메마른 생각이 아닌,
뼈가 생생히 알고 있듯, 말없이, 알게 되네,
내 뇌의 어떤 생명의 불 꺼짐이, 어떤 무감각이,
내가 갈 어두운 무덤 속에서 날 기다리고 있음을.

그러고는 거리를 가득 메운 사람들을 보네,
죽음의 표식이 그려진 사람들을, 그들과 나
목적도 뿌리도 없이, 떠도는 낙엽처럼,
땅도 하늘도 보지 못하고,

아무것도 믿지 않고, 사랑하지도 않네,
기쁨도 고통도, 우리 안에 흐르는
소중한 생명의 흐름에도 귀 기울이지 않고,

다만 꿈결처럼 싸우며, 고생하네.

오, 지나가는 이들이여, 멈추어 기억해보오.
어떤 폭군이 당신의 삶을 얽어매고 있는지를,
피할 수도, 미룰 수도 없는 시간의 다가옴을 기억해보오,
우리를 으스러뜨릴 그 결정적인 타격을, 그 너머의 어둠을.

그러니 이제, 사형수처럼,
고이 시간을 아끼며 우리는 가만히 멈춰 서서
아직 할 수 있는 동안은 우리의 세상을 배우려,
우리의 영혼을 가다듬으려, 우리가 아무리 부족하더라도,

그리하여 우리는 손과 눈과 뇌로 살아가리,
경건하게, 밖을 향하여, 늘 깨어 있으면서,
우리의 모든 시간이 바람 없는 공기 속의
촛불처럼 맑고 또렷이 용감하게 타오를 때까지.

그리하여 우리는 인생이라는 패주에서도

어떤 가치, 어떤 신념, 어떤 의미를 건져낼 수 있으리,
침묵 속으로, 침묵의 무덤 속으로, 가기 전
단 한 번이라도 그것을 말하리.

(1933년 3월, 《아델피》)

한순간 여름 같은

한순간 여름 같은 가을볕이 쏟아져,
단풍 드는 느릅나무 잎을 푸르고 환하게 비추네,
비스듬히 떨어져 땅에 붙어 시들어가는 금잔화를
다시 타오르는 빛으로 물들이네, 저물어가는 한 해의 마지막 불꽃처럼.

푸른박새 한 마리 날갯짓 번쩍이며 휙 날아가 먹이를 찾네,
우물 위 배나무에 매달린 코코넛,
흔들리는 코코넛에 매달려 바늘처럼 날카로운 부리로
작은 곡괭이가 두드리듯 톡톡 속살을 파네.

그런 다음 생쥐처럼 재빠르고 매끄럽게 나무줄기를 타고 올라,
햇볕을 쬐려고 앉아 있네, 온몸과 마음이
돌연한 햇살에 환희하며,
추위는 끝났고 여름이 여기 다시 왔다고, 기꺼이 믿네.

하시만 나는 보네, 해를 뒤덮으려 치닫는 암갈색 구름들을,

어떤 논리로도 떨쳐낼 수 없는 슬픔이
내 심장을 꿰뚫네, 다가오는 겨울을 생각하며,
5월의 유령처럼 번득이는 그 덧없는 빛을 생각하며,

그리고 새는, 알아채지 못한 채, 영원한 여름을 찬미하네,
기쁘게 노역하며, 제 힘에 자부심을 느끼며, 화려한 깃털을 뽐내지만,
매와 눈과 얼어붙은 밤을 알지 못하네,
자신의 죽음이 다가오는 것도 모르네.

(1933년 5월,《아델피》)

노래

다가오렴, 다가오렴, 상냥한 파도들아,
차가운 바닷모래를 씻어주렴.
내가 사는 해안에 닿아 입 맞추렴
뭍에서 네가 왔으니.

그토록 자유롭게 물을 모는 오 행복한 파도여
비도 두려움도 몰라라!
여기 붙들려 바라만 보네 네가 부서지는 것을
강력한 운명이 날 여기 붙잡아두었기에.

멀리 네 깊은 곳에서 오 내게 도움을 보내다오,
그러면 나 더는 울지 않을 테니.
인어 소녀이거나 날개 달린 말●이
날 안전히 해변까지 데려다줄 수 있으리니.

오 한 번 더 나를 보소서, 혹독한 운명이여,

● 그리스 신화에 나오는 날개 달린 신성한 말. 페가수스를 떠올리게 한다.

내 아버지의 손을 멈추소서.
여기 넘실거리는 저 쾌활한 바다가
그럼에도 언젠가는 나를 뭍으로 데려다주리.

(1916~1918년?)

히스 마스터스 보이스● 축음기 공장 근처 폐허가 된 농장에서

이끼 낀 문 앞에 서서
양쪽 세상의 싸움을 지켜보네—
왼쪽엔 새순조차 없이 검게 말라가는 나무들,
텅 빈 돼지우리, 해골처럼

쓰러질 듯 서 있는 헛간들— 오른쪽엔
선명하게 우뚝 솟아난, 백색 공장들
마치 배 난간에서 바라보는
멀리 눈부시게 반짝이는 도시들처럼— 나는 여기 서서,

더욱 날카로운 아픔으로,
내 치명적인 병을 느끼네, 어찌하여 나약하고
공허한 유령들에게 내 마음을 주고는,
살아 있는 것들과 함께 살 수 없는지를.

● 19세기 말에 설립된 영국의 음반 및 음향 기기 회사인 '그래머폰 컴퍼니'의 상표. 축음기 앞에 앉아 나팔 쪽으로 고개를 기울여 소리를 골똘히 경청하는 강아지 '니퍼'의 로고로 유명하다.

산성 연기가 들판을 망가트리고,
바람에 시달린 몇 송이 없는 꽃들마저 암갈색으로 물들였지만,
거기, 강철과 콘크리트가
아찔한 기하학적 탑들로 솟아오른 곳—

거기, 뾰족하게 솟은 크레인들이 거대한 호를 그리며 돌아가고,
우람한 바퀴들이 돌아가고, 머리를 낮게 숙인 강철의 짐승들처럼
기차들이 굉음을 내며 가는 곳—
저곳이 나의 세상, 나의 집인데, 그러나 어찌

여전히 이리도 낯선가? 나는 그 세상에서
살 수도 없고, 낫과 삽으로
돌아갈 수도 없이, 연기가 살해한 나무들
사이를 그저 배회할 뿐.

하지만 나무들이 어렸을 때, 사람들은 여전히
자신의 길을 선택할 수 있었고— 이중의 의심으로
저주받지 않은, 날개 펼친 영혼은,
예견된 목표를 향해 화살처럼 날아갈 수 있었네,

그리고 저 솟아오르는 탑들을 계획한 사람들도,
의심에서 자신의 정신을 해방시켰지,
그들에게 그들의 휘황찬란한 세상은 믿음과
순순히 받아들일 운명을 가져다줄 수 있지,

하지만 나는 어디에도, 아무것도,
두 세계 사이에서, 양쪽으로 찢긴 채,
꼼짝 못 하고 서 있네, 물과 옥수수 사이에 놓인
뷔리당의 당나귀●처럼.

(1934년 4월,《아델피》)

● 프랑스의 철학자 장 뷔리당(1295?~1363?)의 이름을 딴 철학적 사고실험이자 유명한 역설이다. 같은 가치를 지닌 두 종류의 먹이 사이에 선 당나귀가 어느 쪽 먹이를 먹을지 결정하지 못해 굶어 죽는다는 이야기다.

사진가

숨소리도 들리지 않고, 입술의 떨림도 없다,
그의 손이 셔터를 누르기 전,
모기만이 목덜미를 잽싸게 톡 물고,
우리는 입 밖에 내지 못할 말들을 떠올린다.

그는 한밤중에 어둠 속에서 현상한다
캄캄한 작은 굴 같은 다락방에서,
커튼을 모두 쳐버리고 빛을 완전히 차단한 채,
황홀감에 빠져 오랫동안 거기, 틀어박혀 있다.

인화지를 가져다가 틀에 넣고
오전 내내 형상이 나타나도록 내버려둔다,
(우리 이름이 박힌 사진이) 인화될 거라고 생각한다,
약제사나 보석상 따위를 하찮게 여기며.

그러나 이제 그는 큰 소리로 말을 쏟아낸다,
슬픔보단 분노가 가득한 목소리로,
몇 주 동안 공들인 결과물을 노려보지만,

그다음 날 또다시 처음부터 시작한다.

그가 클럽을 풀며,
우리를 향해 멍하니 걸어오는 모습을 보며 생각했다,
더 머물지 않고, 어서 여길 벗어나는 게 현명하다고
신들이 우리에게 어떤 피난처라도 베풀길 바라며.

날쌔고 즐겁게 우리는 밖으로 나아갔지,
아무런 슬픔의 흔적도 보이지 않고,
그 하루 마침내 그의 손아귀에서 벗어났다는 해방감에,
그를 그의 광기 속에 홀로 내버려둔 채.

(1920년 7월 9일, 《칼리지 데이스》 5호)

옷 입은 남자와 벌거벗은 남자

옷 입은 남자와 벌거벗은 남자가
싸구려 여인숙 난롯가에 서 있었네,
검댕 묻은 솥들이 철사 줄에 매달려
보글거리는 걸 바라보면서,

서로 푼돈을 두고 몇 푼 더 몇 푼 덜
값을 흥정하네,
주린 배를 채우려 입고 있는 옷가지를,
한 끼니와 옷가지를 놓고.

"10실링이오." 옷 입은 남자가 말했네,
"이 부츠는 거의 1파운드 주고 샀고,
서리 내린 땅에서 잠잘 때 말이오,
이 코트는 완전 담요나 다름없소."

"1달러." 벌거벗은 남자가 말했네,
"그것도 너무 비싸, 많이 쳐줬지
담배 한 개비링 맥주 한 잔에

셔츠를 벗는 사람도 봤는데."

"8실링 반." 옷 입은 남자가 말했네,
"그럼 내 평생 일해 얻은 전부를 당신께 주리다,
평생 농부들 문 두드려
일해서 번 전부 말이오."

"순무, 사과, 홉, 완두콩,
그리고 일거리도 못 찾는 시절엔 수용소(spike)● 신세,
50년을 떠돌아다니며 품팔이했다오
등에 걸친 이 옷가지를 얻으려."

"7실링." 벌거벗은 남자가 말했네,
"춥고 수용소도 닫혔소,
옷 껴입고 램버스 컷 골목에 나앉느니

● 당시 구빈원에 딸린 부랑자 임시 보호소의 속칭이었다. 부랑자들은 열악한 보호소 생활을 하며 노동의 대가로 끼니를 때울 수 있었다.

벌거벗더라도 이 싸구려 여인숙이 낫지."

"반 실링만 더." 옷 입은 남자가 말했네,
"반 실링이면 두말 않고,
쥐잡이꾼 코트에
벨벳 코르덴 바지까지 벗어드리리다."

"내 셔츠를 머리 위로 당겨 벗고,
이제 나는 발끝에서 정수리까지 벌거벗었네,
50년 품팔이 떠돌이 세월의
끝이구려."

잠시 후 그들은 서로 처지가 바뀌었고,
각자 원하는 것을 얻었네,
옷 입은 남자와 벌거벗은 남자가
싸구려 여인숙 난롯가에 서 있었네.

(1933년 10월, 《아델피》)

우리의 마음은 결혼했지만, 우리는 너무 어려요

우리의 마음은 결혼했지만, 우리는 너무 어려요,
이 시대의 풍습을 따르는 혼인에는.
부모 집은 우리를 따로 각자의 새장 속에 가두고
그저 밥벌이하는 노래만이 불리는 이 시대에.

먼 옛날, 중세의 숲이 푸르렀던 때,
어린 아가씨들은 약혼했고, 그 약혼은 짧았죠.
사랑과 슬픔에 빠진 로미오를 기억해보세요—
운명이 갈라놓은 그 연인들을— 줄리엣은 열네 살이었죠.

먼 옛날, 혈거인은 처음으로 얻은 불 옆에서
나무 때는 연기 냄새 속에 짝 곁에서 쉬었죠.
언젠가 우리만의 난롯가에서 우리는 만족하며, 쉬리니
50년이 흘러도 우리 마음의 약속을 충실히 간직하며.

우리의 머리카락이 희어질 때, 기억하리니,
이 흐린 날들이 찬란한 빛으로 드러나는 것을.

(1918년, 크리스마스)

내 사랑과 나는 어둠 속을 걸었다

내 사랑과 나는 어둠 속을 걸었다
6월의 향기로운 수많은 밤을.
내 사랑과 나는 자주 이야기했다
이지러지는 달이 얼마나 노랗게 빛나는지를,
달이 얼마나 노랗게 빛나는지를.

내 사랑과 나는 햇빛 속을 걸었다
수많은 황금빛 여름날을,
내 사랑과 나는 마음이 하나 되어
건초 냄새가 얼마나 달콤한지 말하며,
건초 냄새가 얼마나 달콤한지를.

그리고 그 즐거운 시간 내내
살아 있음과 세상이 아주 아름답게 보였을 적에,
내 사랑과 나는 자주 저절로 미소 지었다
우리가 얼마나 행복한 사람들인지 떠올리며
우리가 얼마나 행복한 사람들인지를.

하지만 이제, 이런저런 일들로,
우리가 늙고 현명해져,
내 사랑과 나는 그 오래된 주제들을
이야기하려고도 하지 않는다
그 쓸모없는 것처럼 보이는 오래된 주제들을.

해와 달은 달라지지 않았는데,
그 모든 황금빛 마력은 사라져버렸다,
그리고 그녀와 나는 부끄러워하며 돌아본다
우리가 했던 그 모든 말을 떠올리며,
우리가 했던 그 어리석은 말들을.

(1922~1927년?)

이교도

그래 여기 네가 있고, 여기 내가 있어,
우리가 존재함에 신들께 감사드릴 수 있는 이곳에,
땅 위에, 하늘 아래,
꾸밈없는 영혼으로,
살아 숨 쉬며 자유롭게.
가을바람 산들거리며 바스락거리고
우리 발치 잘린 풀 줄기들의 마음을 깨어나게 하네,
서쪽에서 속삭이듯 불어오며,
어루만지려 멈추었다가 다시 나아가네,
바람에 실린 흙냄새 달콤해라.
저 저무는 태양이 얼마나 당당하고 긍지 있게
황금빛과 자줏빛으로 왕처럼 스러지는 것을 보렴,
무지개로 짠 옷자락처럼
대지를 신성한 광채로 물들이며.
그 신비로운 빛이 네 눈 속에 있어
그리고 영원히 네 가슴속에서 빛나리니.

(1918년, 가을)

부상당한 크리켓 선수(월트 휘트먼풍은 아님)

나는 조정 부원이다, 전에는 억지로 크리켓을 했었다
(내키진 않았지만, 어쩔 수 없이)
그러다 공에 눈을 얻어맞았고,
그렇게 여기 라임나무 그늘 아래 잔디밭에 누워 있다,
잔디도 곱고, 하늘도 참 좋구나.
나뭇잎은 푸르고, 무성해라.
하나, 둘, 셋, 넷…… 일곱, 여덟, 아홉, 열,
……열여덟, 열아홉…… 도저히 셀 수가 없네.
새파란 하늘에, 흰 구름과 잿빛 구름이 섞여 있다.
저쪽 길에서 누군가 걸어오는 소리,
들어 올렸다 내디뎠다 리듬감 있게 반복되는 누군가의 발소리,
물웅덩이 내딛는 소리 작은 자갈 차이는 소리,
사방에 저벅저벅 자갈 구르는 소리.
누워보니 땅은 아주 거칠고 울퉁불퉁하다.
내 등줄기를 타고 내려가는 작은 딱정벌레의 움직임,
내 귀를 타고 기어가는 개미의 움직임도 느껴지네.
저 위 떼까마귀 한 마리 보인다, 온통 새까만.

나는 몸을 일으킬 생각이 없어, 얼마나 만족스럽고 편안한지.

(1920년 7월 9일,《칼리지 데이지》5호)

노래

세 명의 거지들 밤낮으로 동냥했네,
왼쪽으로도 오른쪽으로도 동냥 갔는데,
애를 쓰며 고생해도 얻은 건 없었지.
그러자 둘은 앉아 펑펑 우는데,
다른 하나가 이제 그만 울자고
머잖아 두 배로 배불리 먹을 거라고 다짐했네.

해가 뜨자 그들은 헤어지며,
하루가 끝날 때 만나기로 맹세했네,
각자 얻은 것을 알려주기로 하고.
그렇게 하나는 동쪽으로, 하나는 서쪽으로,
하지만 다른 하나는, 상책이라 여겨,
구불구불한 길을 따라 나아갔지.

해 질 무렵 셋은 길에서 만났는데,
둘은 처량하고 둔한 걸음으로
들판에서 마을에서 돌아왔네.
하지만 다른 하나는 포도주와 고기로 배가 불렀는지

얼굴은 평온하고 목소리는 유쾌하고,
기쁜 듯 휘청거리며 걸어왔네.

"저런 뭐라도 얻었어?" 세 번째 거지가 첫 번째 거지에게 물었고,
"애고", 그가 말하길, "내 운은 최악이었어,
얻은 거라곤 손찌검과 발길질뿐.
찬 돼지비계 몇 조각,
그리고 고양이한테 훔친 뼈다귀 몇 개
그게 내가 구해 온 전부라네."

"애통해라", 두 번째 거지가 말하길, "나도 똑같다네!
빵도, 고기도, 푸딩도, 파이도,
아무리 애써도 음식이라곤 얻을 수 없었지— 오."
"하지만 난", 세 번째 거지가 말하길, "자리 잡고 앉아서 배 불리 먹었지,
고기도 먹고 포도주도 마셨지,
홀어미의 집으로 구걸 갔으니."

(1916~1918년?)

친애하는 친구야, 잠시만 내 말을 들어주겠니

친애하는 친구야, 잠시만 내 말을 들어줘
저 높은 별빛처럼 아름다운 거짓 없이도 내가 말할 수 있도록
우리는 흔히 우리의 생각을 그런 거짓 속에 잠기게 하잖아,
그러곤 우리 자신조차 그걸 믿게 되지, 그래 그런 거짓 말고.
그러니 들어봐, 먼저, 수레바퀴에 갈리고 끓는 기름에 던져진
이만 명 희생자의 고통스러운 비명도
내 머릿속 이빨 하나만큼 나를 괴롭힐 순 없어.
그리고 둘째로, 내가 죽고 난 후 세상에 무슨 일이 일어날지
신경 쓰지 않아, 왕들이나 사람들이 썩어 문드러지든,
강과 바다가 온통 붉은 피로 물들든,
수많은 불타는 별이 땅에 쏟아져
모든 것을 돌처럼 태워버린다 해도
신이 죽는다 해도 개의치 않아. 정말 솔직히 말해서,
네가 어떻게 보든,
이 삶이, 이 세상이, 이 시간이 결국에는 나를 끝낼 거라는

그 사실,
　그게 내가 신경 쓰는 전부니까.

　　　　　　　　　　(1922~1927년?, 버마 시절)

치약 광고에서 착상을 얻어

(예전엔 양치질할 때 이 문구를 흥얼거리곤 했는데, 2년 넘게 그 버릇이 사라졌다. 이곳에 온 뒤로 내 자존감도 내 마지막 칫솔도 다 닳아 없어졌으니까.)

위아래로 이를 닦자, 형제여,
오 위아래로 이를 닦자!
런던 사람들은 모두 다
위아래로 똑바로 이를 닦는다네,
오! 얼마나 깨끗하게 반짝이는지!
정말 끝내주지 않는가?
아침저녁으로, 우리 형제여,
오 위아래로 이를 닦자!

(1922~1927년?, 버마 시절)

1935년 성 앤드루의 날

무섭게 휘몰아치는 바람이
갓 낙엽 진 앙상한 포플러 나무들을 세차게 흔들고,
굴뚝에서 피어오르는 검은 리본들
공기의 채찍에 얻어맞아 아래로 홱 틀어진다.

찢어진 포스터들 펄럭인다,
전차들의 굉음과 말발굽 소리 매섭게 울려 퍼지고,
서둘러 역으로 향하는 사무원들은
동쪽 지붕들 너머를, 떨며, 바라보며,

저마다, 생각한다, '겨울이 오는구나!'
'하느님 제발 올해도 직장을 잃지 않게 하소서!'
그리고 얼음 창 같은 추위가 그들의 창자를
꿰뚫듯 스산하게 파고들 때,

그들은 집세를, 세금을, 정기승차권 요금을,
보험료를, 석탄값과, 하녀에게 줄 임금을,
부츠값, 학비, 그리고 드레이지스 가구점에서 산

트윈 침대 두 개의 다음 할부금을 떠올린다.

태평했던 여름날에
아스타로트*의 숲에서 우리가 방탕하게 놀아났다면,
바람이 차가워지니, 이제 뉘우치며,
우리의 정당한 주인 앞에 무릎을 꿇는다.

만물의 주인이신, 돈 신,
우리의 피와 손과 뇌를 지배하시고,
바람 막을 지붕을 주시고,
주었다가, 다시 빼앗아 가시는 돈 신 앞에,

질투심 많은 감시의 눈으로 우리의 생각과 꿈,
우리의 은밀한 행동 방식마저 빈틈없이 지켜보시고,
우리의 말을 통제하시고 옷차림을 결정하시며,

---

* 고대 셈족의 여신인 '아스타르테'의 복수형. 풍요, 전쟁, 성적인 사랑을 상징하며, 다양한 문화권에서 숭배되었다.

우리 나날의 삶의 방식을 면밀하게 계획하시는 돈 신 앞에,

우리의 분노를 차게 식히시고, 우리의 희망을 꺾으시고,
우리의 삶을 사는 값을 장난감으로 치르시며,
부서져버린 신념과 내재화한 모욕감과
억눌린 기쁨을 공물로 바치라 하시는 돈 신 앞에,

시인의 재치를 사슬로 묶으시고,
토역꾼의 힘과 군인의 긍지를 쇠사슬로 묶고,
서로 사랑하는 두 사람 사이에
서로를 떼어놓는 매끈한 방패를 놓으시는 돈 신 앞에.

(1935년 11월, 《아델피》)

나는 행복한 사제로 살아갔을지도 모르지

200년 전이었다면
나는 행복한 사제로 살아갔을지도 모르지,
영원한 심판을 설교하고
호두나무 자라는 모습 보기를 좋아했으리.

아, 그러나 슬프게도, 사악한 시대에 태어나,
그 평안한 안식처를 놓쳐버렸네,
내 윗입술엔 수염이 자랐고
성직자들은 모두 말끔히 면도했으니.

그러다 아직 살기 좋았던 시절,
우리는 소박한 기쁨에 만족했고,
나무의 품에 안겨
불안을 살살 잠재웠지.

아무것도 몰랐기에
지금은 숨기는 기쁨들을 당당히도 누렸었네,
사과나무 가지 위에 내려앉은 방울새가

내 적들을 벌벌 떨게 할 수 있었으니.

그러나 소녀들의 배와 살구,
그늘진 시냇물의 잉어,
말들과, 여명에 날아가는 오리들,
이 모두가 꿈이어라.

다시는 꿈을 꾸는 것이 금지되었으니,
우리는 기쁨을 불구로 만들거나 숨기네.
크롬 강철로 말을 만들어
작고 뚱뚱한 남자들이 올라타리.

나는 꿈틀도 못 해본 벌레요,
처첩 없는 내시라네,
사제와 인민 위원 사이에서
유진 아람•처럼 걷네.

인민 위원은 라디오를 켜둔 채

내 운세를 결정하고 있고,
사제는 더기●●로는 절대 손해나지 않는다며
오스틴 세븐●●●을 사주기로 약속했네.

나는 거대한 대리석 방들에서 살아가는 꿈을 꾸었고
깨어나보니 현실이었네.
나는 이런 시대에 맞게 태어나지 않았으니,
스미스는? 존스는? 당신은 어떤가?

(1936년 12월, 《아델피》)

● 영국의 언어학자이자 살인범인 유진 아람(1704~1759). 재판 당시 그의 유려한 변론은 큰 논쟁을 일으켰다. 지적인 재능과 끔찍한 범죄 사이의 극명한 대조로 오랫동안 사람들의 관심을 끌었으며 여러 차례 문학의 소재로 활용되었다.

●● 마권 발행업체인 '더글러스 스튜어트'의 별칭. 도박 산업에서의 신뢰성과 안정성을 강조한 "더기는 반드시 갚는다"라는 표어로 유명하다.

●●● 영국 오스틴 자동차 회사에서 1922년부터 1939년까지 생산한 소형차.

이탈리아인 의용병이 내 손을 잡았다●

이탈리아인 의용병이 내 손을 잡았다
초소 탁자 옆에서,
그 강인한 손과 내 섬세한 손,
오직 총성 울리는 전장에서만

마주 닿을 수 있는 두 손바닥,
아! 하지만 그때 그 고난의 흔적 역력한 얼굴을 바라보며
그 순간 얼마나 깊은 평화를 느꼈던가!
어떤 여인의 얼굴보다도 순수했으니!

날 구역질 나게 하는 그 구더기 들끓는 말들이
그의 귀에는 여전히 숭고하게 들렸고,
그는 내가 책 속에서 배워 더디게 알게 된 것들을
태어나면서부터 알고 있었네.

● 이 시는 조지 오웰이 스페인 내란(1936~1939)에 참전했을 당시의 경험을 바탕으로 한다. 파시즘에 맞서 싸우기 위해 스페인에 온 어느 이탈리아인 의용병에 대한 인상으로 이야기를 시작하는 그의 르포르타주 문학 《카탈로니아 찬가》와 밀집하게 연결되어 있다.

믿을 수 없는 총들이 제 거짓말을 들려줬고
우린 둘 다 기꺼이도 그걸 믿었네,
하지만 내 황금 벽돌●은 진짜 금으로 만들어졌으니―
오! 누가 생각이나 했으랴?

행운이 그대와 함께하길, 자네 이탈리아인 의용병이여!
하지만 행운은 용감한 자들의 것이 아니니,
세상은 그대에게 무엇을 돌려줄까?
언제나 그대가 내놓은 것보다 더 적게 주겠지.

그림자와 유령 사이,
백(白)과 적(赤)●● 사이,
총알과 거짓 사이,

● '사기', '가짜'를 의미하는 관용어.
●● 단순히 적과 아군의 개념으로 담을 수 없는 스페인 내란의 복잡한 정치 구도를 상징적으로 나타낸다.

그대는 어디에 머리를 숨기겠나?

마누엘 곤살레스는 어디에 있으며,
페드로 아길라르는 어디에 있고,
라몬 페넬로사는 어디에 있는가?•
땅속 지렁이들만이 그들이 어디 있는지 알 뿐.

그대의 뼈가 마르기도 전에
그대의 이름과 행적은 이미 잊혔네,
그리고 그대를 죽인 거짓은
더 깊은 거짓 속에 묻혔네.

하지만 내가 그대 얼굴에서 보았던 그것은
어떤 힘으로도 빼앗을 수 없으리,
어떤 폭탄이 터진다 해도

● 스페인식 이름들. 전쟁에서 죽어간 수많은 평범한 병사를 대표하는 이름으로 보인다.

그 수정 같은 정신을 결코 산산조각 낼 수는 없으니.

(1943년, 〈스페인 내란을 돌이켜본다〉에 실림)

이 땅의 짐승들

잉글랜드의 짐승들이여, 아일랜드의 짐승들이여,
세계 골골샅샅의 짐승들이여,
내 기쁜 소식에 귀 기울이라
황금빛 미래를 알리니.

곧 그날이 오리,
독재자 인간을 쓰러뜨리고,
오직 짐승들만이 잉글랜드의
비옥한 들판을 밟으리라.

우리의 코에서 코뚜레가 사라지고,
우리의 등에서 멍에가 사라지고,
재갈과 박차는 영원히 녹슬며,
무참한 채찍질 소리도 더는 없으리라.

마음으로는 그려볼 수도 없을 풍족함
밀과 보리, 귀리와 건초
클로버, 갖은 콩과 사탕무가

다가올 그날 모두 우리의 것이 되리.

잉글랜드의 들판은 밝게 빛나리,
한결 맑게 물이 흐르리,
한결 달게 산들바람 불어오리
우리 자유를 찾을 바로 그날에.

그날을 위해 우리 모두 힘써 일하세,
그날이 밝기 전에 우리 죽을지라도
암소들과 말들, 거위들과 칠면조들
모두 자유를 위해 부단히 일해야 하리.

잉글랜드의 짐승들이여, 아일랜드의 짐승들이여,
세계 골골샅샅의 짐승들이여,
귀 기울여 내 소식을 전파하라
황금빛 미래를 알리는 이 소식을.

(1945년,《동물 농장》에 실림)

나폴레옹 동지

아비 없는 것들의 동무이시며!
행복의 샘이시고!
돼지 여물통의 왕이시여! 오, 당신의
침착하고 위엄 있는 눈을,
하늘의 태양 같은 그 눈을 바라보며
내 영혼은 불타오르나이다,
나폴레옹 동지시여!

당신은 당신의 동물들이
좋아하는 모든 것을 주시는 분,
하루 두 번 배불리 먹이시고,
깨끗한 깔짚 위에서 뒹굴 수 있게 해주시네,
크고 작은 모든 짐승이
제 우리에서 마음 놓고 잠드네,
우리 모두를 지켜보시며 지켜주시는,
나폴레옹 동지시여!

내게 젖먹이 새끼 돼지가 있다면,

맥주병이나 밀방망이만큼도
자라기 전에, 배우게 하리라
당신께 오직 헌신하고 충성해야 함을,
과연, 첫 꿀꿀 옹알이도
나폴레옹 동지! 일지니.

(1945년,《동물 농장》에 실림)

대공습의 추억

앎을 추구해서가 아니라
그저 전쟁이 빚어낸 우연이었지,
내가 남자들과 여자들의 코 고는 소리를,
그 음악을 연구하게 된 것은,

그날 밤 너무 잦고 가까운
폭격에 쫓겨, 침대에서 뛰쳐나와,
몸을 숨긴 공공 대피소에서, 어떤 베개로도
포근해질 리 없는 자리에 쪼그려 앉아.

아, 폭격기들의 윙윙거림과
맞받아치는 포의 포성들,
그리고 새벽녘 함께 나눈 차 한 잔의 온기,
곳곳에서 화염이 태양보다 더 맹렬하게 타오르던 시절!

그건 오래전 일,
거의 3년 전 일이지,
방독면보다 훨씬 더 많은 것을 잃었지만,

그게 뭔지 명확하게 형언할 수가 없네,

무심한 학살의 시대에,
무엇을 통탄해야 하는지,
유리창은 다 깨져 텅 비어 있고,
보도는 물로 넘쳐흐르던 그 시절.

하지만 총포들은 곡조를 바꾸었고
방호용 모래 자루들은 3년도 더 되었네,
눈은 독일 병사의 뼈에 남은
살점에 입 맞추듯 내려앉네.

방공 기구 앞코는 대충 땜질되었고,
철책들은 용해로로 사라졌네,
오직 유령과 고양이만이
앤더슨 방공호●에서 잠을 자네,

● 제2차 세계대전 당시 영국에서 가정용으로 설치한 방공호.

공습경보 사이렌이 불렀던 노래들은
낡아버린 이야기 속으로 가라앉아버렸고,
대서특필되었던 폭격의 영광 속에서 사라져버린
평범한 회계사가 살던 그 집은

이제 분홍바늘꽃 한 무더기일 뿐,
그곳에서 나는 나의 슬픔을 나누네
버려진 욕조와
혼자 남은 어그러진 참새와 함께.

(1944년 1월,《트리뷴》)

조지프 힉스, 이 교구에 살았던 고인

조지프 힉스, 이 교구에 살았던 고인,
쟁기질하고 쟁기질하다가 마침내는 쟁기 날이 되어버린 이,
이제는 기억 속의 기억으로도 존재하지 않네.
간소한 나무 묘비는 어느 추운 겨울에 사라졌고,
작은 실수가 잉크병을 엎질러 그를 기록부에서 지워버렸네,
잊힌 무덤들이 보이는 곳에서,
여전히
오른쪽으로 들려 굳은 그의 어깨는 심판의 날
그를 용서받게 할 수 있을지, 그 우유 짜는 여인의 목 졸려 죽은 딸,
하나
중년 시절
(장화도…… 이도 문드러진 그루터기처럼 참담했던 시절)
3월의 아침들
일곱 가지 끔찍한 고통이 오케스트라처럼 그의 온몸 안에서 연주했지
악취 나는 오두막의 더러운 늙은이가 될 때까지
창유리는 때 묻어 어두워지고 쥐새끼들은 점점 대담해지는

그곳에서.
　사흘 내내 굴뚝에서 연기가 나지 않자
　(문을 부수고 들어갔지)
　그의 등을 꺾어서야 관 속에 넣을 수 있었다네.
　그날에 저를 멸하지 마옵소서●
　(이 세상이든 저세상이든— 이 세상에서였으면 하지마는,
저세상에서라도 그리되라지)

　그것마저 없다면, 나는 이 교구의 마지막 사람, 조지프 힉스의 삶에서
　어떤 가치도 찾을 수 없네.

(1949년)

● '그날(최후의 심판의 날)에 저를 멸하지 마소서(*Ne me perdas ilia die*)'라는 뜻의 라틴어 구절. 이는 13세기 위령미사에 사용된 '진노의 날'의 제9절에서 유래했으며, 심판자이신 예수께 자비를 간청하는 기도의 일부다. 모차르트의 레퀴엠 제6곡의 한 부분이기도 하다.

제2부
에세이

두꺼비 단상

제비보다 먼저, 수선화보다 먼저, 눈풀꽃보다 조금 늦게, 두꺼비는 두꺼비의 방식으로 봄의 다가옴을 맞이한다. 지난가을부터 묻혀 있던 땅속 구멍에서 나와 가장 가깝고도 알맞은 물웅덩이를 향해 되도록 빨리 기어가는 것이다. 무언가가(땅속 어떤 떨림이나 어쩌면 그저 기온이 몇 도 오르는 것) 두꺼비에게 깨어날 때가 되었다고 일러준 것이다. 그렇지만 더러는 줄곧 잠을 자느라 한 해를 아예 건너뛰는 두꺼비들도 있는 것 같다. 한여름에 땅을 파다가 멀쩡히 잠들어 있는 두꺼비를 몇 번이나 본 적이 있으니 말이다.●

이 무렵 두꺼비는 긴 굶주림을 견뎌낸 뒤라 매우 영적인 모습을 띤다. 그는 흡사 사순절 마지막에 이른 엄격한 영국 가

● 1946년 8월 10일에 오웰은 땅을 파다가 실수로 두꺼비를 죽였다고 기록했다.

톨릭 신자처럼 보인다. 움직임은 느른하지만 결연하고, 오그라진 몸피에 눈은 유난히 커 보인다. 때문에 우리는 다른 때에는 깨닫지 못할지도 모르지만, 두꺼비가 다른 어떤 생물보다도 아름다운 눈을 가졌다는 것을 알게 된다. 황금 같기도 하고, 좀 더 정확히는 간혹 인장 반지에 박혀 있는 금빛의 준보석 같은 것이, 아마 금록석이 아닐까 한다.

물에 들어간 뒤 며칠 동안을 두꺼비는 작은 벌레를 잡아먹으며 기운을 회복하는 데 집중한다. 이내 두꺼비는 다시 평소의 크기로 부풀어 오르고는, 이제 강렬한 성적 흥분 단계를 거치게 된다. 적어도 수컷 두꺼비라면 무언가를 꽉 부둥켜안고 싶다는 생각뿐이어서 막대기나 손가락이라도 내밀어보면, 녀석은 깜짝 놀랄 만한 힘으로 그것을 붙안고는 한참이 지나서야 암컷 두꺼비가 아님을 알아차리는 것이다. 두꺼비 여남은, 스무남은 마리가 암수 할 것 없이 서로 들러붙어 형태 없는 덩어리가 되어 물속을 구르는 모습도 흔히 볼 수 있다. 그러다 점차 서로를 가려내 암수 짝을 짓고, 수컷이 암컷의 등에 알맞게 올라앉는다. 수컷이 더 작고, 색이 진하고, 암컷에 올라타 팔을 목에 단단히 감고 있기에 보는 사람도 수컷과 암컷을 구별할 수 있다. 하루나 이틀이 지나면 긴 끈 모양의 알주머니가 갈대 안팎에 감겨 있다가 곧 눈에 보이지 않게 된다. 몇 주 더 지나면 물은 조그마한 올챙이들로 바글거린다. 그것들은 금세 커져 뒷다리가 먼저 나오고 앞다리가 나오고, 마지막으로 꼬리가 떨어진다. 마침내 한여름 무렵이 되면 엄지손톱보다도 작지만 모든 면에서 완벽한 새로운 세대의 두꺼비들이 물 밖으로 기어 나와 두꺼비의 일을 다시 새로이 시작한다.

내가 두꺼비의 산란을 이야기하는 것은, 그것이 가장 내 마음을 깊이 끄는 봄의 현상이기 때문이며, 두꺼비가 종달새나 앵초와는 달리 시인들의 격려를 거의 받지 못하기 때문이기도 하다. 많은 사람이 파충류나 양서류를 좋아하지 않는다는 것을 나도 알고 있으며, 봄을 향유하려면 두꺼비에 관심을 가져야 한다고 권하려는 것은 아니다. 크로커스 꽃이나 개똥지빠귀, 뻐꾸기, 야생 자두나무 등도 주목받지 못하기는 마찬가지니 말이다. 요점은 봄이 주는 기쁨은 누구나 접할 수 있고, 무상이라는 점이다. 가장 누추한 거리에도 봄은 다가오며 이런저런 기미로 자신을 알린다. 굴뚝들 사이로 더 푸르러지는 하늘이거나 폭격 맞은 자리에 선 딱총나무에 움트는 연둣빛 새순들일 수 있다. 사실 런던 한가운데에 자연이 사사로운 방식으로 끊임없이 존재하고 있다는 것은 참으로 놀라운 일이다. 뎁퍼드 가스 공장 위로 황조롱이가 날아가는 것을 보기도 했고, 유스턴 도로에서 검은 찌르레기의 아주 멋진 노래가 들려온 적도 있었다. 런던 한복판에서 반경 6킬로미터 이내에 수백만 마리는 아니어도 수십만 마리의 새가 살고 있을 텐데, 그들 중 누구도 집세로 반 푼도 내지 않는다는 생각에 이르면 아주 흡족해진다.

봄은 영국 은행 주변의 좁고 음울한 거리에도 속수무책으로 찾아든다. 어떤 필터라도 통과하는 새로운 독가스처럼 봄은 어디로든 스며드는 것이다. 봄을 흔히 '기적'이라고 하는데, 이 낡은 비유는 지난 5~6년 동안 새로운 생명을 얻었다. 우리가 얼마 전까지 견뎌야 했던 그 겨울들 끝에, 봄이 정말로 오리라고 믿는 일이 점점 더 어려워졌기에 봄은 실제로 기적과도 같다. 1940년부터 나는 매년 2월이면 이 겨울이 끝없이 계속되리라 생각하게 된다. 그러나 페르세포네는 두꺼비처럼 늘 거의 같은 때가 되면 죽음에서 되살아난다. 3월 끝 무렵에 기적은 별안간 일어나, 내가 사는 헐어가는 빈민가마저 바꾸어놓는다. 광장의 거무스름한 쥐똥나무들은 밝은 연둣빛으로 변하고, 밤나무 잎들은 차츰 도톰해지고, 수선화가 피어나고, 꽃무가 움을 틔운다. 경찰의 제복 상의는 이제 기분 좋은 파란색을 띠고, 생선 장수는 손님들을 미소로 맞이하며, 참새들조차 훈훈해지는 공기를 느끼고는 지난 9월 이후 처음으로 용기 내 목욕을 했는지 사뭇 다른 빛깔을 띤다.

그럼에도 봄을 비롯한 다른 계절의 변화에서 기쁨을 느끼는 것은 잘못일까? 더 정확히 말해, 자본주의 체제의 족쇄를 달고 모두가 신음하고 있거나 신음해야 하는데, 찌르레기의 지저귐 때문에, 10월의 노란 느릅나무 한 그루 때문에, 돈도 들지 않고 좌파 신문 편집자들이 계급적 시각이라 부르는 것도 없는 자연현상들 때문에 종종 삶이 더 살 만하게 느껴진다고 말하는 것이 정치적으로 비난받을 일일까? 의심의 여지 없이 다수가 그것이 비난받을 일이라고 생각한다. 나는 내 글에 '자연'을 호의적으로 언급하면 내게 욕설을 퍼붓는 편지들이 날아든다는 걸 경험으로 알고 있다. 대개 그런 편지들의 핵심어는 '감상적이다'이지만, 그 안에는 두 가지 견해가 섞여 있는 듯하다. 하나는 실생활에서 얻는 즐거움이 일종의 정치적 정적주의를 부추긴다는 것이다. 이 견해에 따르면 사람들은 불만을 품어야 하며, 우리가 할 일은 결핍감을 늘리는 것이지 이미 가진 것에서 얻는 즐거움을 늘리는 게 아니다. 또 다른 견해는 지금은 기계의 시대이며 기계를 싫어하거나 심지어 기계의 우세를 제한하려 드는 것은 퇴영적이며 반동적이고 우스꽝스럽기까지 하다는 것이다. 흔히 이 견해는 자연에 대한 사랑은 진짜 자연이 어떤지 전혀 모르는 도시화된 사람들의 결점이라는 언설의 지원을 받는다. 정말로 흙을 만져야 하는 이들은 흙을 사랑하지 않으며, 철저히 실용적인 관점이 아닌 한 새나 꽃에 조금도 관심이 없다는 것이다. 시골을 사랑하려면 도시에 살면서 1년 중 따뜻한 철에 가끔 시골에 가서 산책하는 것으로 충분하다는 것이다.

두 번째 견해는 명백히 틀렸다. 예를 들어 민요를 포함한 중세 문학은 조지 왕조 시대 못지않은 자연 예찬으로 가득하고, 중국과 일본 같은 농경민족의 예술은 늘 나무와 새, 꽃과

강, 산을 중심에 두었다. 첫 번째 견해는 좀 더 미묘한 면에서 잘못돼 보인다. 물론 우리는 불만을 가져야 하고, 단지 악조건을 잘 견뎌낼 방법을 찾는 데 그치지 말아야 한다. 하지만 실생활에서 얻을 수 있는 기쁨을 모두 없애버린다면, 우리 자신을 위해 대체 어떤 미래를 준비할 수 있을까? 봄이 돌아오는 것조차 인간이 즐길 수 없다면, 노동이 줄어들 유토피아에선 어떻게 행복할 수 있을까? 기계가 선물할 여가 시간에 무엇을 할 것인가? 나는 경제와 정치 문제가 언젠가 정말로 해결되면, 삶은 더 복잡해지기보다 더 단순해질 거라고, 우리가 봄에 첫 앵초를 발견하는 데서 얻는 유의 기쁨이 극장에서 전기 오르간 연주를 들으며 아이스크림을 먹는 유의 즐거움보다 더 크게 느껴질 거라고 늘 생각했다. 나무와 물고기, 나비와 (내 경우 첫 번째인) 두꺼비 같은 것들에 대한 어린 시절의 사랑을 간직함으로써 보다 평화롭고 생명의 품위가 지켜지는 미래가 가능하게 할 수 있다고 생각하며, 철과 콘크리트 말고는 아무것도 감탄할 것이 없다는 교리가 설파되면 인간은 오직 혐오와 지도자 숭배밖에는 남아도는 에너지의 배출구를 찾지 못하게 되리라고 생각한다.

여하튼 런던 N.1● 지구에도 봄이 왔고, 누구도 우리가 봄을 즐기는 것을 막을 수는 없다. 이런 생각에 이르면 새삼 흐

● 런던 북부 지역의 우편번호.

못해진다. 짝짓기 하는 두꺼비나 산토끼 두 마리가 설여문 옥수수를 두고 권투 시합 하는 광경을 보며 서서, 할 수만 있다면 그런 나의 즐거움을 막으려 들 그 많은 중요한 인물을 얼마나 자주 떠올려보았던가. 하지만 다행히도 그들은 막을 수가 없다. 우리가 아프거나, 굶주리거나, 겁에 질리거나 감옥이나 행락지에 갇혀 있지 않은 한 봄은 여전히 봄인 것이다. 공장에 원자폭탄이 쌓여가고, 동정을 살피며 도시 곳곳에 경찰들이 돌아다니고, 확성기에서는 끊임없이 거짓말이 흘러나오지만, 지구는 여전히 태양 주위를 돌고 있다. 독재자들과 관료들이 마음속 깊이 아무리 자연의 작용을 못마땅하게 여긴들 그것을 막을 수는 없다.

(1946년)

참고

1946년 4월 19일 자 《트리뷴》을 통해 오웰은 독자 E. S. 페이어스의 정성 어린 감사 편지를 받았다.

> 정말 감사합니다, 조지 오웰. 이미 너무 많이 인용되어서 진부하게 들릴 구절들이지만, 셰익스피어는, 다른 모든 것과 마찬가지로, 물론 두꺼비의 눈이 지닌 특별함도 알아보았지요.

두꺼비가 개구리와 다르다는 건 잘 알지만, T. E. 브라운의 〈채그퍼드의 석양〉이라는, 흠뻑 빠져들게 되는 이 아름다운 시에는 개구리의 눈에 대해 말하는 구절이 있습니다. 제게는 더할 나위 없게 여겨지는 구절이지요. 그 구절들과 당신의 산문을 이어 서로 닿게 하는 것 말고는 당신의 산문에 더 큰 찬사를 보낼 길이 제게는 없군요.

"……또는 개구리에 대해서라면, 당신은 개구리의 눈이
온통 놀라움으로 밝게 빛난다는 걸 알아봤을 테죠—
그렇지 않나요? 아, 아니라면,
당신은 오로지 인간만을 생각하는군요!"

1946년 4월 18일, 시인 존 베처먼은 오웰에게 편지를 보내 그가 "살아 있는 당대 최고의 산문작가 중 한 명"이라고 생각하며, 두꺼비에 대한 그의 "생각과 감정 하나하나에 자신이 얼마나 공감하며 읽는 기쁨을 누렸는지를" 전하고 싶다고 적었다.

가난한 이들은 어떻게 죽는가

 1929년, 나는 파리 15구에 있는 X 병원에서 몇 주를 보냈다. 병원 접수창구에서는 늘 그러듯 엄하게 캐묻는 심문이 이어졌다. 이십여 분 내내 질문 공세에 시달리고 나서야 창구 직원들은 겨우 나를 들여보내주었다. 라틴계 국가에서 서류를 작성해본 적 있는 사람이라면 내가 어떤 종류의 질문을 말하는지 충분히 짐작할 것이다. 당시 며칠 동안 나는 열씨를 화씨로 환산할 기력조차 없었지만, 내 체온이 103도● 정도였음은 안다. 질문이 끝날 무렵에는 두 다리로 서 있기조차 힘들 정도였다. 내 뒤로는 이미 체념한 듯한 환자들이 손수건으로 싼 색색의 보따리를 들고서 질문받을 차례를 기다리며 초라하게 무리 지어 있었다.

● 섭씨 39.4도.

질문 다음은 목욕이었다. 감옥이나 빈민 수용소에서처럼 새로 들어온 환자라면 누구나 거쳐야 하는 의무적인 절차인 듯했다. 옷을 빼앗기다시피 맡기고, 깊이가 겨우 13센티미터쯤 될까 싶은 미지근한 물에 몇 분을 덜덜 떨며 앉아 있다가, 리넨 잠옷과 파란색 짤막한 플란넬 가운을 받아 입었다. 슬리퍼는 받지 못했는데, 내 발에 맞는 큰 사이즈가 없다고 했다. 그렇게 시린 바깥 공기가 그대로 드러난 옥외로 이끌려 나왔다. 2월 밤이었고, 나는 폐렴을 앓고 있었다. 우리가 향하는 병동은 180미터 정도 떨어진 곳에 있었고, 거기까지 가려면 병원 경내를 가로질러야 하는 것 같았다. 랜턴을 든 내 앞사람은 넘어질 듯 비틀거리며 걸었다. 발바닥에 닿는 자갈길은 얼어붙을 듯 차가웠다. 매서운 바람의 채찍질처럼 잠옷이 펄럭이며 내 맨 종아리를 휘갈겼다. 병동에 들어서자 묘하게도 익숙한 느낌이 들었는데, 밤늦게서야 그 이유를 겨우 알아챌 수 있었다. 병동은 길쭉하고, 천장이 조금 낮았다. 조명이 어둑한 그 공간은 중얼거리는 목소리로 가득했고, 세 줄로 늘어선 병상의 간격이 놀랍도록 촘촘했다. 대소변 냄새와 단내 뒤섞인 역겨운 악취가 풍겼다. 내 자리에 눕자, 맞은편 병상에 있는 왜소하고 구부정한 남자가 눈에 들어왔다. 머리카락이 모래색인 그 남자는 반쯤 벌거벗은 채 앉아 있었고, 의사와 의대생이 그에게 이상한 처치를 하고 있었다. 먼저 의사가 자신의 검은 가방에서 와인 잔처럼 생긴 작은 유리잔 열두 개를 꺼내자, 의대생이 유리잔 속 공기를 성냥으로 태워 진공상태로 만들었다. 그러더니 그것을 남자의 등과 가슴에 쏙쏙 붙이는 것이었다. 그러자 진공의 힘으로 크고 누런 물집이 빨려 올라왔다. 조금 뒤에야 나는 그들이 그에게 무얼 하고 있는지 깨달았다. 부항이라는 것으로, 옛날 의학 교과서에서 나오는 치료법인데, 그때까지도 나는 말한테나 하는 처치 중 하나라고만 막연히 알고 있었다.

바깥 찬 공기에 열이 좀 내렸던지 나는 이 야만적인 치료법을 무덤덤하게, 심지어는 약간의 재미마저 느끼며 지켜보았다. 하지만 바로 다음 순간, 의사와 의대생이 내 침대로 다가오더니 날 똑바로 일으켜 앉히고는 한마디 말도 건네지 않고, 소독도 하지 않은 그 유리잔을 내 몸에 붙이기 시작하는 것이었다. 내가 겨우 내뱉은 몇 마디 힘없는 항의는 마치 내가 짐승이라도 되는 것처럼 그들에게서 아무 반응도 얻어내지 못했다. 달려들 듯 나를 다루는 그들의 비인격적인 태도는 대단히 인상적이었다. 공공 병동에 가본 것은 그때가 처음이었고, 환자에게 말 한마디 건네지 않고, 인간적으로 알아보는 척도 하지 않은 채 환자를 다루는 의사들을 나는 그때 처음 겪었다. 그들은 내게 유리잔을 여섯 개만 붙였지만, 물집을 째고 나서는 다시 유리잔을 붙였다. 그러자 유리잔마다 디저트 스푼 하나 정도 되는 검은 피가 빨려 나왔다. 내게 벌어진 일 때문에 굴욕감과 혐오감, 두려움을 느끼며 다시 누웠을 때, 나는 이제 적어도 그들이 날 내버려두리라고 생각했다. 하지만 아니었다. 전혀 그러지 않았다. 또 다른 처치가 기다리고 있었다. 겨자 습포라는 것으로, 온수 목욕과 마찬가지로 정해진 절차인 듯했다. 단정치 못한 간호사 둘이 미리 준비해둔 습포를 내 가슴에다 구속복처럼 단단히 조여 매는 동안, 셔츠와 바지 차림으로 병동을 돌아다니던 남자 몇 명이 반쯤 동정 어린 미소를 지으며 내 침대 주위로 모여들기 시작했다. 나중에 알게 되었지만, 겨자 습포 처치를 받는 환자 구경이 병동에서는 제일 인기 있는 오락거리였다. 이 습포는 보통 십오 분 정도 붙이고 있는데, 그 처치를 겪는 사람이 아니라면, 꽤나 재밌는 광경인 건 분명하다. 처음 오 분 동안은 통증이 아주 심한데, 견딜 수 있다고 생각한다. 다음 오 분 동안 이런 믿음은 증발해버린다. 하지만 습포가 등 뒤에서 쇠로 붙어 있어서 떼어낼 수도 없다. 바로 이 오 분이 구경꾼들에게 제일 큰 재미를 주는 때다. 마지막 오 분은, 내가 알아차린 바로는 일종의 무감각한 상태가 찾아온다. 마침내 습포가 제거되자, 얼음 채운 방수 베개가 내 머리 밑에 쑤셔 넣어졌고, 나는 혼자 남겨졌다. 그날 밤 나는 잠들지 못했는데, 내가 기억하는 한 침대에 누워 있으면서도 잠을 한숨도 자지 못한 유일한 밤이었다.

X 병원에서 보낸 처음 한 시간 동안 나는 일련의 다양하고 모순적인 처치를 받았는데, 이 경험은 오해의 소지가 있었다.

환자의 질병이 어느 정도 흥미롭거나 교육적 가치가 없다면, 좋든 나쁘든 거의 어떤 치료도 받지 못하기 때문이었다. 새벽 5시가 되면 간호사들이 돌아다니며 환자들을 깨우고 체온을 쟀지만, 환자들을 씻기지는 않았다. 그럴 만한 힘이라도 있으면 환자 스스로 몸을 씻었지만, 그렇지 않다면 걸어 다닐 수 있는 환자들의 친절에 의지해야 했다. 병상용 소변기와 '스튜 냄비'라는 별명이 붙은 역겨운 대변기를 비우는 것도 대부분 환자 몫이었다. 8시에 아침 식사가 나왔는데, 군대식 '수프'라고들 불렀다. 미끄덩한 빵 덩어리가 둥둥 떠다니는 멀건 채소 국물로 수프는 수프였다. 오후에는 검은 턱수염을 기른 키 크고 근엄한 의사가 인턴 하나와 의대생 한 무리를 뒤에 거느리고 회진을 돌았다. 하지만 우리 병동 환자만 해도 예순 명가량 되었고, 그가 돌봐야 할 다른 병동들이 더 있는 게 분명했다. 날마다 그가 그저 지나쳐버리는 병상들이 많았고, 때로는 애타게 호소하는 소리가 뒤따랐다. 그런가 하면 학생들이 자세히 알고 싶어 하는 질병을 앓는 환자에게는 그들의 관심이 쏠렸다. 나로 말하자면, 기관지에서 나는 요란한 소리의 훌륭한 표본이었기에, 많게는 열두 명이나 되는 학생이 내 가슴에서 나는 소리를 들으려고 줄을 서곤 했다. 그것은 참 묘한 기분이었다. 자신의 일을 배우려는 그들의 열성적인 관심과는 달리 환자를 인간으로 인식하는 모습을 전혀 찾아볼 수 없었기 때문이다. 이상하게 들리겠지만, 가끔 어린 학생이 자기 차례가 되어 환자를 촉진해보려고 나설 때면, 값비싼 기계를 마침내 손에 넣은 어린애처럼 흥분으로 몸을 떨었다. 그러고는 남학생들, 여학생들, 흑인 학생들이 차례로 내 등에 귀를 대고 엄숙하지만 서툴게 손가락으로 등을 두드려보기도 하며 계주하듯 촉진을 이어가면서도 누구 하나 말 한마디 건네지 않고, 얼굴에 똑바로 눈길 한 번 보내지 않았다. 병원 잠옷 차림의, 무료 진료를 받는 환자는 무엇보다 한낱 표본이었다. 나는 그것에 분개하지는 않았지만, 도무지 익숙해질 수도 없었다.

며칠 후 나는 일어나 앉아 주변 환자들을 관찰할 수 있을 만큼 기운을 차렸다. 병실은 공기가 탁했고, 좁은 침대들이 빽빽하게 붙어 있어서 옆 환자의 손을 쉽게 만질 수 있을 정도였다. 급성전염병을 제외한 온갖 질병이 다 모여 있는 듯했다. 내 오른쪽 환자는 한쪽 다리가 다른 쪽보다 짧은, 체구가 작은 빨간 머리 구두 수선공으로, 다른 환자가 죽을 때마다 내게 휘파람을 불고는 "43번!"이라고 (혹은 그 번호가 무엇이든) 외치며 양팔을 머리 위로 쳐들어 알렸다. 이런 일은 여러 번 있었는데, 그는 다른 환자의 죽음을 언제나 누구보다 제일 먼저 알아냈다. 그는 크게 아픈 곳이 없었지만, 내 시야에 들어오는 다른 대부분의 병상에서는 어떤 궁상스러운 비극이나 노골적인 공포가 벌어지고 있었다. 나와 발이 마주 닿는 병상에는 몹시 여윈 작은 남자가 누워 있었는데, 그는 죽을 때까지(그가 다른 침상으로 옮겨졌기 때문에 그가 죽는 걸 보지는 못했다) 나로서는 알지 못하는 어떤 병으로 고통받았다. 그의 온몸이 극도로 예민해져서 살짝 뒤척이기만 해도, 가끔은 이불의 무게만으로도 고통에 찬 비명을 질렀다. 그에게 가장 고통스러운 일은 오줌 누기로, 아주 힘겹게 배뇨를 했다. 간호사가 소변기를 가져다주며 한참 동안이나 침상 옆에 서서 마부가 말에게 하듯 휘 소리를 내며 기다리면, 마침내 몹시 괴로워하며 내뱉는 "오줌 나온다!"라는 그의 외침과 함께 겨우 소변이 나오기 시작했다. 그의 옆 병상에서는 전에 부항 뜨는 걸 보게 됐던 모래색 머리의 남자가 시도 때도 없이 기침하며 피가래를 내뱉었다. 내 왼쪽 환자는 키가 크고 축 늘어져 보이는 젊은이로, 주기적으로 등에 관을 삽입해 몸의 어느 부분에서 나오는지 모를 거품 이는 액체를 놀랄 만큼 많이도 뽑아내곤 했다. 그 뒤쪽 병상에서 죽어가던 1870년 전쟁● 참전 용사는 허옇게 턱수염을 기른 잘생긴 노인이었다. 면회 시간이면 나이 든 친척 여인 넷이 온통 검은색 옷차림으로 까마귀 떼처럼 내내 그를 에워싸고 앉아 있었다. 얼마 안 되는 유산을 노리는 게 분명했다. 한 줄 더 건넌 내 맞은편 병상에는 콧수염이 축 늘어진 대머리 노인이 있었는데, 얼굴과

● 1870년부터 1871년까지 프로이센과 프랑스가 스페인 국왕 선출 문제로 벌인 '프로이센·프랑스 전쟁'을 말한다.

몸이 심하게 부어 있었고, 거의 끊임없이 소변이 나오는 어떤 병을 앓고 있었다. 그의 침대 옆에는 커다란 유리 용기가 항상 놓여 있었다. 어느 날 그의 아내와 딸이 문병을 왔다. 두 사람을 보자 노인의 통통 부은 얼굴이 놀랍도록 부드러운 미소를 띠며 환하게 밝아졌다. 스무 살쯤 되어 보이는 예쁜 딸이 침대로 다가가자 그의 손이 이불 아래서 천천히 움직이는 것이 보였다. 나는 곧 이어질 몸짓을 미리 보고 있는 것만 같았다. 딸이 침대 옆에 무릎을 꿇고, 죽어가는 노인이 딸의 머리에 손을 얹고 축복하는 몸짓 말이다. 하지만 아니었다. 그는 단지 소변 통을 내밀 뿐이었고, 딸이 곧장 그걸 받아 유리 용기에 비웠다.

나와 여남은 침대 떨어진 병상에는 간경변증을 앓는 57번 환자(아마 그의 번호가 맞을 것이다)가 있었다. 우리 병동의 모두가 그의 얼굴 알고 있었는데, 그가 자주 의학 수업의 대상이 되었기 때문이다. 일주일에 두 번 오후에, 키 크고 엄숙한 의사가 병동에서 학생 한 무리에게 강의하곤 했다. 57번 노인은 바퀴 달린 들것에 실려 병동 중앙으로 옮겨진 적이 여러 번 있었다. 그러면 의사는 그의 잠옷을 걷어 올리고, 그의 배에 있는 거대하고 축 늘어진 돌출부(아마도 병든 간이었을 것이다)를 더 커 보이게 잡고서는, 와인을 마시는 나라에서 흔한 알코올 중독성 질병이라고 엄숙하게 설명했다. 늘 그러듯 의사는 환자에게 말 한마디 건네지도, 미소나 끄덕임은커녕 어떤 종류의 알은체도 전혀 하지 않았다. 의사는 매우 엄숙하고 꼿꼿하게 서서 설명하는 동안, 두 손으로 환자의 쇠약한 몸을 잡고서 밀대로 반죽을 다루듯이 앞뒤로 슬슬 돌렸다. 57번은 그런 대우에 딱히 신경 쓰지 않았다. 그는 이 병원에 오래 입원해 있으면서 강의의 단골 전시물 노릇을 했던 게 분명해 보였다. 일찌감치 그의 간은 병리학 박물관 같은 곳에 보내져 병에 담길 표본으로 정해져 있을 터였다. 자신에 대해 무슨 말이 오가는지 전혀 관심 없이, 그는 아무것도 응시하지 않는 흐릿한 눈길을 허공에 두고 누워 있곤 했다. 그러는 동안 의사는 골동품 도자기 한 점을 자랑하듯 그를 학생들에게 보여주었다. 그는 예순 살쯤 되었는데, 놀라우리만치 쪼그라들어 있었다. 송아지 피지처럼 핏기 없는 그의 얼굴은 하도 쪼그라들어서 인형 얼굴보다도 커 보이지 않았다.

어느 날 아침, 간호사가 오기도 전에 옆자리의 구두 수선공이 내 베개를 잡아당기며 나를 깨웠다. "57번!" 그는 두 팔을 머리 위로 번쩍 치켜들며 흔들었다. 병동에는 희미하게나마 불빛이 있었다. 나는 웅크린 채 모로 누워 있는 57번 노인을 볼 수 있었다. 병상 밖으로 비죽 튀어나온 그의 얼굴이 내 쪽을 향하고 있었다. 그는 밤사이 숨을 거두었고, 언제인지는 아무도 몰랐다. 간호사들이 오더니 그가 죽었다는 소식을 무심하게 듣고는 하던 일을 계속했다. 그렇게 한 시간도 넘게 지나서야 다른 간호사 둘이 나막신을 요란하게 쿵쿵거리며 군인처럼 나란히 걸어 들어와서는 시신을 시트로 싸맸지만, 그러고도 시신을 치우기까진 또 한참이 걸렸다. 그러는 동안 사위가 점점 밝아져 나는 57번을 자세히 볼 수 있었다. 나는 그를 살펴보려고 모로 눕기까지 했다. 이상한 말이지만 죽은 유럽인을 본 건 그때가 처음이었다. 전에도 죽은 사람을 본 적이 있지만, 항상 아시아인이었고, 대부분 비명횡사한 사람이었다. 57번은 여전히 눈을 뜬 채 입이 벌어져 있었고, 작은 얼굴은 고통으로 일그러져 있었다. 하지만 가장 인상적이었던 건 하얗게 질린 낯빛이었다. 전에도 창백했지만 이제는 시트보다 미세하게 어두울 뿐이었다. 그 작고 일그러진 얼굴을 바라보다가, 곧 실려 나가 해부실 안치대에 버리듯 던져질 이 역겨운 폐기물이 '자연사'의 한 예라는 생각이 번뜩 들었다. 우리가 간절히도 탄원 기도를 하는 것 중 하나인 자연사 말이다. 그때 나는 생각했다. 바로 저거구나. 20년, 30년, 40년 후에 우리를 기다리고 있는 것이 저거구나. 운 좋은 사람들의 죽음이, 늙어서 죽는 사람들의 죽음이 저런 것이라니. 물론 사람은 살고 싶어 하고, 사실 죽음에 대한 두려움 덕분에 살아 있는 것이지만, 그때나 지금이나 나는 너무 늙어 오래 끌기 전에 횡사하는 게 낫다고 생각하게 되었다. 사람들은 전쟁의 참혹함에 대해 이야기하지만, 인간이 발명한 무기 중에 평범한 질병의 잔인함에 비할 수라도 있는 게 있을까? '자연사'란 정의 그 자체로, 더디고, 냄새나고 고통스러운 무엇을 의미한다. 그렇다 해도 공공시설이 아닌 자기 집에서 죽음을 맞이할 수 있다면 같은 자연사라도 차이가 생겨난다. 거의 다 타버린 초처럼 가물거리다 사그라진 그 가여운 노인은 임종을 지켜줄 이 하나 없을 만큼 보잘것없었다. 그는 그저 한낱 숫자였고, 그 후에는 의대생들이 메스를 들이댈 '해부용 시체'에 불과했다. 게다가 그런 곳에서, 아무나 보는 데서 죽어가는 비참함이라니! X 병원은 병상이 다닥다닥 붙어 있었고 가림막도 없었다. 이를테면 한동안 나와 발을 마주 보는 병상에 누워 있던, 이불만 스쳐도 비명을 지르던 그 작은 남자처럼 죽는다고 상상해보라! 아마도 "오줌 나온다!"가 그의 마지막 말이었을 것이다. 아마도 죽어가는 사람들은 그런 것들에 신경 쓰지 않는다는 게 일반적인 생각일 것이다. 그러나 죽어가는 사람도 마지막 하루 이틀 정도는 정신이 온전한 경우가 많다.

　병원의 공공 병동에서는 자기 집에서 죽음을 맞이하는 사람들에게선 볼 수 없는 끔찍한 광경을 보게 된다. 마치 특정 질병이 소득수준이 낮은 사람들만 공격하는 듯 말이다. 하지만 내가 X 병원에서 목격한 몇몇 상황은 사실 영국의 어느 병원에서도 볼 수 없는 일이다. 예를 들어 사람이 짐승처럼 죽어가는 이런 일, 아무도 지켜보지 않고, 관심도 갖지 않아 아침이 되어서야 알아차리게 되는 이런 죽음이 여러 번 있었다. 분명 영국에서는 볼 수 없는 광경이고, 다른 환자들의 시야에 누출되게 시신을 방치하는 일은 더더욱 볼 수 없다. 내가 영국의 한 시골 병원에 입원했을 때, 다른 환자들과 차를 마시는 동안 한 남자가 죽은 일이 있었다. 병동에는 나를 포함해서 환자가 여섯뿐이었지만, 간호사들이 매우 노련하게 일을 처리했기에 우리는 티타임이 끝나고 나서야 그 남자가 죽었고, 이미 시신이 옮겨졌다는 얘기를 듣게 되었다. 영국에서는 엄격한 훈련을 받은 숙련된 간호사가 많다는 이점을 누리는 걸 당연하게 여기는 경향이 있다. 물론 영국 간호사들에게는 우둔한 면모도 있다. 그들은 찻잎으로 점을 치거나 유니언잭 배지를 달고, 자기 집 벽난로 선반에 여왕의 사진을 둘 수도 있다. 하지만 적어도 순전히 게으름 때문에 씻기지도 않은 환자를, 정돈되지 않은 병상에 변비에 시달리며 누워 있도록 방치하진 않는다. X 병원의 간호사들은 여전히 갬프 부인● 같은 성향이 남아 있었고, 나중에 나는 스페인 공화국의 군 병원에서 체온조차 제대로 잴 줄 모르는 무지한 간호사들도 보게 되었다. 영국에서는 X 병원에서와 같은 불결함을 찾아볼 수 없을 것이다. 나중에 혼자 씻을 수 있을 만큼 몸이 좀 나아져 욕실에 갔더니, 병동에서 나온 온갖 음식 찌꺼기와 더러운 붕대를 던져 넣는 커다란 상자가 널브러져 있었고, 벽판에는 귀뚜라미가 우글대고 있었다.

나는 옷을 되찾고 다리에 힘이 좀 붙자마자 X 병원에서 도

● 찰스 디킨스(1812~1870)의 소설 《마틴 처즐위트》에 등장하는 간호사.

망쳐 나왔다. 의료진의 퇴원 판단을 기다리지도 않고 입원 기간도 다 채우지 않고서 말이다. 내가 도망쳐 나온 병원이 그곳 뿐은 아니지만, 그 병원의 음침함과 삭막함, 역겨운 냄새, 그리고 무엇보다도 그곳 특유의 어떤 정신적 분위기가 유독 내 기억 속에 남아 있다. 내가 사는 구에 있는 병원이라 그곳에 갔던 것인데, 입원하고 나서야 악명 높은 곳임을 알게 되었다. 그 후 1~2년 뒤에, 유명한 사기꾼 마담 아노●가 구류 중 병이 들어 X 병원으로 실려 왔다가, 며칠 겪어보고는 간수들을 따돌리고 택시를 잡아타고 교도소로 돌아가 그곳이 더 편하다고 말했다고 한다. 나는 X 병원이 심지어 당시에도 프랑스 병원의 전형과는 거리가 멀었을 거라고 확신한다. 하지만 그곳의 환자들, 거의 모두 노동자 계급이었던 그들은 놀랍도록 체념적이었다. 그중 몇몇은 그 시설을 편안하게 여기는 것도 같았다. 그들 중 적어도 두 명은 겨울을 나기 좋은 방법으로 이 시설을 찾은 꾀병 환자였다. 간호사들이 그걸 눈감아준 이유는 이런저런 잡일을 자청하는 꾀병 환자들이 꽤 쓸모 있었기 때문이다. 하지만 대다수의 태도는 이런 것이었다. '물론 아주 형편없는 곳이긴 하지만, 달리 뭘 기대할 수 있단 말이오?' 새벽 5시에 깨어나 세 시간을 기다린 후에야 멀건 수프로 하루를 시작하게 되는 것이나, 임종을 지켜보는 이 없

● 1920년대 후반 프랑스의 유명한 금융 사기꾼.

이 사람이 죽어야 하는 것도, 심지어 치료받을 기회조차 지나가는 의사의 눈길을 끌 수 있느냐에 달렸다는 것도 그들에겐 이상하게 여겨지지 않았던 모양이다. 그들이 겪어온 바에 따르면 병원이란 그런 곳이었다. 중병에 걸렸는데, 가난 때문에 집에서 치료받을 수 없다면 병원에 가야만 하고, 일단 입원하면 군대에 있는 것처럼 가혹함과 불편함을 견뎌야만 한다는 것이었다. 하지만 그 밖에도, 지금은 영국인의 기억에서 거의 사라져버린 옛이야기들, 예를 들어 의사들이 순전히 호기심으로 환자의 배를 가르거나 제대로 '마취'되기도 전에 수술을 시작하며 재밌어한다는 이야기들에 대한 믿음이 여전히 남아 있다는 것을 발견하고는 흥미로웠다. 공용 욕실 바로 너머에 작은 수술실이 있다는 음침한 소문도 들렸다. 소름 끼치는 비명이 그 방에서 새어 나온다는 얘기였다. 물론 나는 이런 소문들을 뒷받침할 만한 어떤 것도 보지 못했고, 당연히 말도 안 되는 소리였지만, 의대생 둘이 열여섯 살 소년 하나를 죽이는 건 분명히 목격했다. 거의 죽였다고 해야 할 텐데(내가 병원을 떠날 때 그 소년은 죽어가고 있었으나 나중에 회복했을지도 모르니 말이다) 유료 환자에게는 절대 엄두도 내지 않을 장난스러운 실험을 했던 것이다. 런던의 일부 대형 병원에서 해부용 시체를 얻고자 부러 환자들을 죽인다고 믿었던 시절이 있었는데, 이는 여전히 사람들의 기억에 남아 있다. 나는 X 병원에서 이런 소문을 듣지는 못했지만, 소문이 돌았더라면 일부는 믿을 만하게 여겼을 것 같다. 그 병원에는 치료 방식은 아니더라도 19세기의 어떤 분위기가 여전히 남아 있었고, 그 점이 특히 흥미로웠다.

 지난 50여 년 동안 의사와 환자의 관계에는 큰 변화가 있었다. 19세기 후반 이전에 나온 문학작품들을 보면 병원이 감옥과 다름없는 곳, 그것도 옛날 지하 감옥 같은 곳으로 묘사되어 있음을 알 수 있다. 병원은 오물과 고문, 그리고 죽음의 장소, 즉 무덤으로 향하는 대기실과 같았다. 극빈자가 아니고서야 아무도 그런 시설로 치료받으러 들어갈 생각을 하지 않았을 것이다. 특히 19세기 초반은 의학이 이전보다 더 대담했으나, 더 성공적이지는 못했던 시기였기에 의술이라는 행위 자체가 사람들에게는 공포와 두려움의 대상이었다. 특히 수술은 유독 섬뜩한 가학 행위로 여겨졌고, 시체 도굴꾼의 도움으로만 가능했던 해부는 심지어 강령술과 혼동될 정도였다. 19세기에는 의사와 병원과 관련된 공포 문학을 꽤 많이 찾아볼 수 있었다. 노망난 그 가엾은 조지 3세●가 '기절할 때까지 피를 뽑으러' 다가오는 외과 의사들을 보고 비명을 지르며 자비를 구하는 모습을 생각해보라! 그저 패러디만은 아닐 밥 소여와 벤저민 앨런●●의 대화를, 《패주》●●●와 《전쟁

● 조지 3세는 말년에 정신 질환을 앓았으며, 당시의 의술(사혈 등)로 고통받았다.

과 평화》의 야전병원들을, 멜빌의 《화이트재킷》●●●●에 나오는 충격적인 절단 수술 묘사를 떠올려보라! 19세기 영국 소설에서 의사들에게 붙이던 슬래셔(Slasher), 카버(Carver), 소여(Sawyer), 필그레이브(Fillgrave) 등과 같은 이름들과 흔히 쓰이던 '소본스(Sawbones)'라는 별명도 우스꽝스러운 만큼이나 섬뜩하다. 수술에 반대하는 정서는 테니슨의 시 〈아동 병원〉에 가장 선명하게 녹아 있다. 1880년경에 쓰인 것으로 보이는 이 시는 사실 마취제인 클로로포름이 없던 시대를 그린 작품이다. 게다가 테니슨이 이 시에서 보여주는 관점은 상당히 설득력이 있다. 마취제 없이 행해진 수술이 어떠했을지, 그것이 얼마나 끔찍했을지 생각해보면, 그런 짓을 하려는 사람들의 동기를 의심하지 않기 어렵다. 의대생들이 그토록 열렬히 고대하던 유혈 낭자한 잔혹한 수술은 (슬래셔가 하면 아주 장관일 거야!) 인정하건대 거의 쓸모가 없었다. 환자가 쇼크로 죽지 않으면 대개는 괴저로 사망했고, 이는 너무나 당연한 귀결로 받아들여졌다. 심지어 오늘날에도 동기가 의심스러운 의사들

●● 밥 소여와 벤저민 앨런은 찰스 디킨스의 소설 《픽윅 클럽 여행기》에 등장하는 의대생들로, 무책임하고 술을 좋아한다.

●●● 《패주》는 에밀 졸라(1840~1902)의 소설로, 1870년 프로이센·프랑스 전쟁의 참상을 다루며 야전병원에서의 끔찍한 장면이 묘사된다.

●●●● 허먼 멜빌(1819~1891)의 해군 복무 경험을 반영한 자전적이고 고발적인 소설.

을 어렵지 않게 찾아볼 수 있다. 병을 많이 앓아본 사람이나 의대생들이 떠드는 이야기를 들어본 사람이라면 무슨 말인지 이해할 것이다. 그러다 마취제의 등장으로 전환점을 맞이했고, 소독제 역시 또 하나의 전환점이었다. 이제는 아마 세상 어디에서도 악셀 문테가《산 미켈레 이야기》●에서 묘사한 것과 같은 장면을 찾아볼 수 없을 것이다. 실크해트에 프록코트 차림의 사악한 외과 의사가 빳빳이 풀 먹인 셔츠 앞가슴에 피와 고름을 튀기며 같은 칼로 환자들을 차례차례 난도질하고, 수술대 옆으로 절단된 팔다리가 수북이 쌓이는 장면 말이다. 더욱이 국민건강보험의 도입으로 노동계급 환자는 존중받을 자격 없는 빈민이라는 인식이 어느 정도 사라졌다. 20세기에 들어와서도 큰 병원에서 '무상 치료' 환자는 마취 없이 이를 뽑는 게 일반적이었다. 돈도 안 내는데 왜 마취를 해야 하느냐는 식의 태도였다. 하지만 이젠 이것도 바뀌었다.

그럼에도 어떤 기관이든 과거의 잔영이 어느 정도는 남아 있기 마련이다. 막사는 여전히 키플링●●의 유령에 시달리고,

---

● 스웨덴의 의사이자 작가인 악셀 문테(1857~1949). 판타지가 결합된 자전적 소설《산 미켈레 이야기》를 썼다.

●● 영국의 작가이자 시인인 조지프 키플링(1865~1936). 시집《병영의 노래》처럼 대영제국 시대의 군대 생활과 문화, 특히 인도에 주둔했던 영국 병사들의 삶과 정신, 언어 등을 생생하게 묘사한 작품으로 유명하다. 그의 작품에는 당시 영국 군대의 규율, 동지애, 애국심, 제국주의적 사고방식 등이 반영되어 있다.

구빈원에 들어서며 《올리버 트위스트》를 떠올리지 않기는 어렵다. 병원은 나병 환자 같은 이들이 죽으러 들어가는 일종의 부랑자 임시 수용소로 시작했고, 의대생들이 가난한 이들의 몸을 실험 대상으로 삼아 기술을 익히는 장소가 되었다. 그런 역사의 흔적은 특유의 음산한 건축양식에서 희미하게나마 엿볼 수 있다. 지금 나는 내가 영국 병원에서 받은 치료에 대해 불평하고 있는 게 아니다. 다만 병원을, 특히 공공 병동을 되도록 멀리하라고 경고하는 일은 합당한 본능을 따르는 것이다. 우리의 법적 지위가 어떻든 간에 '병원이 정한 바에 따르든지 아니면 나가든지' 해야 하는 상황에서는 자신이 받는 치료에 대한 통제력이 현저히 줄어들고, 어처구니없는 실험의 대상이 되지 않으리라는 확신도 매우 적어진다. 물론 자기 침대에서 죽는 게 좋지만, 활기 있게 살다가 별안간 비명횡사하는 게 더 낫다. 병원이 아무리 친절하고 효율적이라 해도 병원에서 맞이하는 모든 죽음에는 잔혹하고 비참한 면이 있기 마련인데, 너무 사소해서 입 밖에 내기 어렵지만 끔찍하게 고통스러운 기억을 남기는 무언가가 있다. 이는 급박함과 혼잡함, 그리고 낯선 이들 사이에서 날마다 누군가가 죽어가는 곳의 그 비인격성에서 비롯된다.

극빈자들은 여전히 병원에 대한 두려움을 지니고 있는지도 모른다. 최근에야 이런 두려움은 대부분의 사람들 마음에서 사라진 듯하다. 하지만 그것은 여전히 우리 마음의 표면 바로 아래 도사리고 있는 어두운 그림자다. 앞서 나는 X 병원의 병동에 들어서며 묘하게 익숙한 느낌이 드는 것을 의식했다고 말했다. 그 병동의 광경을 맞닥뜨리고 나서 내 마음속에 떠오른 것은 내가 직접 본 적은 없으나 전해 들어 기억하고 있던, 악취가 진동하고 고통으로 점철된 19세기의 병원들이었다. 그리고 무언가가, 아마도 지저분한 검은 가방을 든 검은 옷차림의 의사가, 아니면 단지 그 구역질 나는 악취가 내 기억 속에서 20년 동안 완전히 잊혔던 테니슨의 시 〈아동 병원〉을 끄집어내는 이상한 요술을 부렸는지도 모른다. 어린 시절 나는 간호사에게 그 시를 소리 내 읽어달라고 청한 적이 있는데, 테니슨이 그 시를 썼을 당시에도 간호사 일을 했을 법한 나이 지긋한 간호사였다. 그 옛날 병원의 공포와 고통이 그녀의 기억 속에 생생했다. 우리는 그 시를 함께 읽으며 몸서리쳤고, 그러고는 그걸 잊어버린 듯했다. 심지어 그 제목을 들었다고 하더라도 아무 기억도 내 안에서 건드려지지 않았을 것이다. 그러다가 침대들이 다닥다닥 붙어 있는 그 어두침침하고 웅성거리는 병실을 처음 흘끗 본 순간, 갑자기 그 시에 얽힌 생각이 줄줄 떠올랐고, 그날 밤에는 시의 내용과 분위기가, 그리고 대부분의 구절들이 온전히 떠오르는 것이었다.

(1946년)

나는 왜 쓰는가

아주 어릴 때인, 대여섯 살 무렵부터, 나는 커서 작가가 되리란 걸 알았다. 열일곱 살 때부터 스물네 살 때까지는 그 생각을 버리려 애썼지만, 그러는 동안에도 그것이 내 본성을 거스르는 일이며, 조만간 차분히 앉아 책을 써야만 한다는 것 또한 자각하고 있었다.

나는 삼 남매 중 둘째로, 위아래로는 다섯 살씩 터울이 졌고, 여덟 살이 될 때까지 아버지를 거의 본 적이 없었다. 이런저런 이유로 나는 다소 외로움을 탔고, 이내 불쾌감을 주는 어색한 습성이 생겨나 학창 시절 내내 인기 없는 아이로 지냈다. 나는 외로운 아이들이 흔히 그러듯 이야기를 지어내고 상상 속 인물들과 대화를 나누는 습성을 갖게 됐는데, 그러니 맨 처음부터 나의 문학적 야심은 고립되고 과소평가됐다는 느낌과 뒤섞였던 것 같다. 나는 내게 낱말을 다루는 소질과 불쾌한 사실을 직시하는 힘이 있다는 걸 알았고, 이것이 나날이 겪는 실패를 되갚을 수 있는 나만의 세계를 만들어낸다는 느낌을 받았다. 그럼에도 유년기와 소년기를 통틀어 쓴 진지한, 즉 진지한 의도로 쓴 글은 여섯 쪽도 되지 않았다. 네댓 살 때 처음으로 시를 썼는데, 어머니가 대신 받아 적어주었다. 호랑이에 관한 시였고, 호랑이가 '의자 같은 이빨'을 가졌다는 것 말고는 기억나는 게 없다. 꽤 만족스러운 구절이지만, 블레이크의 시 〈호랑이〉를 표절한 것이지 싶다. 그러다 1914~1918년 전쟁이 발발한 열한 살 때는 애국적인 시를 써서 지역신문에 실리게 되었고, 2년 뒤 키치너●의 죽음에 부쳐 쓴 다른 애국 시도 지역신문에 실렸다. 조금 더 나이가 들어서는 가끔 조지 왕조풍●●의 '자연 시'를 써보고는 했는데, 서툴뿐더러 대개는 미완성이었다. 또한 두어 번 단편소설을 시도해본 적도 있는데 끔찍한 실패였다. 그 정도가 그 시절에 내가 진지한 의도를 가지고 실제로 종이에다 쓴 글의 전부다.

- 영국의 군인이자 정치가인 허레이쇼 키치너(1850~1916). 영국 제국주의 시대의 대표적 인물로, 뛰어난 군사전략가이자 행정가다. 수단 원정과 보어 전쟁에서 활약했으며, 제1차 세계대전 당시 전쟁 장관을 맡아 대규모 징병을 주도했다. 외교 협상 차 러시아로 향하다 독일군의 기뢰에 맞은 전함이 침몰해 사망했다.
- ●● 조지 5세 재위 기간인 20세기 초(1910~1936) 영국에서 유행했던 시의 경향으로, 1911년부터 1922년까지 총 다섯 권의 조지 왕조풍 시선집이 출간되기도 했다. 자연과 전원생활의 아름다움을 찬양하고 단순하고 명료한 언어를 사용해 낭만적 감성과 향수를 불러일으킨다.

하지만 그 시절 내내 나는 어떤 의미에서는 문학적인 활동을 하고 있었다. 우선, 빠르고 쉽게, 스스로는 별 즐거움도 없이 생산해내는 주문 제작식 글들이 있었다. 나는 학교 과제 말고도, 지금 생각해보면 놀라운 속도로 가벼운 행사 시나 조금 익살스러운 시들을 써낼 수 있었는데, 열네 살 때는 아리스토파네스를 모방해 운을 다 맞춘 희곡 전체를 일주일 만에 쓴 적도 있었다. 학교 잡지 일도 도왔는데, 원고 쓰기에서 편집, 인쇄에 이르는 전 과정에 모두 참여했다. 그 잡지에 실린 글들은 더없이 한심하고 우스꽝스러운 것으로, 지금 제일 싸구려 저널리즘에 보낼 글에 들일 수고보다도 훨씬 품을 덜 들이고도 써낼 수 있는 글들이었다. 그런 작업 외에도, 그 15년 남짓 동안 나는 꽤 다른 유의 문학 습작도 하고 있었다. 그것은 나 자신에 대한 끊임없는 '이야기' 짓기로, 내 마음속에만 존재하는 일종의 일기였다. 나는 그것이 아이들과 청소년들에게 흔히 있는 습관이라고 생각한다. 아주 어릴 적에 나는, 이를테면 내가 로빈 후드라 상상하며, 나 자신을 짜릿한 모험을 하는 영웅으로 그려보곤 했다. 그러나 나의 '이야기'는 이내 조잡한 자기도취에서 벗어나 내가 하는 행동이나 본 것에 대한 단순한 묘사가 되어갔다. 말하자면 몇 분 동안 이런 유의 묘사가 머릿속을 맴도는 것이었다. '그는 문을 밀어 열고 방으로 들어갔다. 모슬린 커튼을 투과해 들어온 노란 햇살이 테이블 위를 비스듬히 비추었고, 그곳에는 반쯤 열린 성냥갑

이 잉크병 옆에 놓여 있었다. 오른손을 주머니에 찔러 넣은 채 그는 창가로 다가갔다. 저 아래 거리에는 거북딱지 얼룩 고양이가 구르는 낙엽 하나를 쫓고 있었다' 등등. 이런 습성은 심지어 내가 문학적인 글쓰기를 하지 않았던 시절에도 줄곧 이어져 스물다섯 살 무렵까지 계속됐다. 나는 꼭 맞는 단어를 찾으려 애써야 했고 실제로도 그랬지만, 내 의지와는 거의 상관없이, 외부에서 오는 모종의 강박에 밀려 이런 묘사적인 노력을 기울이는 것 같았다. 내 '이야기'는 틀림없이 내가 성장하며 흠모했던 여러 작가의 문체를 반영했을 테지만, 내가 기억하는 한 꼼꼼한 묘사는 내 글의 한결같은 특징이었다.

낱말 자체가 주는, 즉 낱말의 소리와 낱말이 불러일으키는 연상과 감정이 주는 기쁨을 갑작스레 발견한 건 열여섯 살 무렵이었다. 다음은 시 〈실낙원〉의 한 구절이다.

> 그리하여 그이는 혹독한 시련과 수고를 감내하며
> 계속 나아갔네, 혹독한 시련과 수고를 감내하며 그이는,

지금은 그다지 대단해 보이지 않지만, 그때는 등골에 전율이 흘렀었다. 게다가 'he' 대신 'hee'●를 쓴 것도 즐거움을 더했다. 묘사의 필요성에 대해서는 이미 다 알고 있었다. 그러

● '그이'라고 번역한 이 부분은 'he'가 아니라 'hee'라고 쓰여 있다.

니 당시 내가 책을 쓰고 싶어 했다고 말할 수 있다면, 어떤 책을 쓰고 싶었는지는 분명하다. 나는 결말이 불행하고, 상세한 묘사와 눈길을 사로잡는 직유가 가득하며, 어느 정도는 소리의 아름다움을 고려한 낱말들로 짜인 화려한 문단이 넘치는 아주 웅장한 자연주의 소설을 쓰고 싶었다. 실은 서른 살에 썼지만 훨씬 전부터 구상했었던, 내 첫 소설 완성작인 《버마 시절》이 바로 어느 정도 그런 종류의 책이다.

내가 이런 배경을 시시콜콜 설명하는 까닭은, 작가의 초기 성장 과정을 어느 정도 알지 못하고는 그가 글을 쓰는 동기를 가늠하기 어렵다고 생각하기 때문이다. 적어도 우리 시대같이 격동적인 대변혁기에는 그렇다. 주제는 작가가 사는 시대에 따라 결정되겠지만, 작가가 글쓰기를 업으로 삼기도 전에 이미 그의 안에서는 어떤 정서적 태도가 형성되며, 그것은 그가 결코 완전히 벗어날 수 없는 무엇이다. 물론 자신의 기질을 단련하고, 어떤 미성숙한 단계나 비뚤어진 심리 상태에 갇히지 않도록 노력하는 것은 의심할 여지 없이 그가 할 일이지만, 초기의 영향에서 완전히 벗어나버린다면, 글을 쓰고자 하는 충동 자체가 없어져버릴 것이다. 생계를 위한 필요성을 제외하고도, 글을 쓰는 동기는, 적어도 산문을 쓰는 동기는 크게 네 가지라고 생각한다. 이 네 가지 동기는 모든 작가에게 각기 다른 정도로 존재하며, 한 작가의 경우에도 그가 살아가는 환경에 따라, 시기에 따라 그 정도가 다를 것이다.

네 가지 동기는 다음과 같다.

1. **순전한 이기심**. 똑똑해 보이고 싶은, 사람들 사이에 널리 회자되고 싶은, 사후에도 기억되고 싶은, 어린 시절 자신을 박대했던 어른들에게 앙갚음하고 싶은 등등의 욕망이다. 이것이 동기가 아닌 척, 그것도 강력한 동기가 아닌 척하는 것은 기만이다. 작가에게는 과학자, 예술가, 정치인, 변호사, 군인, 성공한 사업가와 마찬가지로, 즉 인류의 최상층에 있는 인간들 모두와 마찬가지로 이런 특성이 있다. 대부분의 사람은 이렇게까지 이기적이지는 않다. 서른 살 정도가 지나면 대개는 개인적 야심을 버리고, 실제로, 많은 경우에 개인이라는 자아감조차 거의 버리고 만다. 주로 남을 위해 살거나 삶의 고단함에 억눌리고 만다. 그러나 끝까지 자기 삶을 살아 보겠다고 결심하는 재능 있고 고집스러운 사람도 소수 있으니, 작가도 이 부류에 속한다. 진지한 작가들은 대체로 언론인들보다 돈에는 관심이 적어도 더 허영심 많고 자기중심적이라고 할 수 있다.

2. **미학적 열정**. 외부 세계의 아름다움에 대한, 또는 낱말의 아름다움과 그것의 적절한 배열에서 오는 아름다움에 대한 인식을 말한다. 한 단어의 소리가 다른 단어의 소리에 미치는 영향, 훌륭한 산문의 견고함과 훌륭한 이야기의 리듬에서 느끼는 기쁨. 놓쳐서는 안 된다고 느끼는 가치 있는 경험을

공유하려는 욕망. 미학적 동기는 많은 작가에게서 매우 미약하지만, 팸플릿이나 교과서를 쓰는 저자라고 해도 비실용적인 이유로 매력과 애정을 느끼는 낱말들과 구절들이 있을 것이다. 혹은 타이포그래피나 여백의 너비 같은 것에 예민하게 매력을 느끼는 경우도 있을 수 있다. 철도 안내 책자 수준만 넘어선다면, 어떤 책도 미학적 고려에서 완전히 자유로울 수 없다.

3. 역사적 충동. 사물을 있는 그대로 보고, 진실을 찾아내, 후세를 위해 기록하고 보존하려는 욕망을 말한다.

4. 정치적 목적. 여기서 '정치적'이라는 단어는 가능한 한 가장 넓은 의미로 사용되었다. 세상을 특정 방향으로 추동하고, 어떤 사회를 실현하려고 노력해야 하는지에 대한 사람들의 생각을 바꾸려는 욕망을 말한다. 다시 말하지만, 어떤 책도 정치적 편견에서 완전히 자유로울 수는 없다. 예술은 정치와 무관해야 한다는 의견 자체도 하나의 정치적 태도인 것이다.

이런 다양한 충동이 서로 충돌하며 사람마다, 또 같은 사람이라도 시기에 따라 계속 변하기 마련이다. 천성적으로 나는, 갓 어른이 되었을 때의 정서 상태를 천성이라고 한다면, 앞의 세 가지 동기가 네 번째 동기보다 훨씬 더 강한 사람이다. 평화로운 시대였다면 문체가 화려하거나 묘사에만 공들인 책들을 썼을지 모르며, 내 정치적 성향을 거의 인식조차 못 하고 살았을지도 모른다. 지금 이런 실정에서 나는 일종의 팸플릿 저자가 될 수밖에 없었다. 먼저 나는 나와 맞지 않는 일(버마에서 인도제국 경찰로 일했다)로 5년을 보냈고, 그 뒤로 빈곤과 좌절감을 겪었다. 그로 인해 권위에 대한 타고난 증오감이 커졌고, 처음으로 노동자 계급의 존재를 절실히 실감하게 되었다. 또한 버마에서 일하며 제국주의의 본질에 대해 어느 정도 이해하게 되었지만, 그러한 경험만으로는 정확한 정치적 지향을 갖기에 불충분했다. 그러다가 히틀러가 등장했고, 스페인 내란 등이 발발했다. 1935년 말까지도 나는 여전히 확고한 결정을 내리지 못했다. 그 무렵 내가 쓴 짧은 시 한 편이 기억나는데, 그 시에는 나의 그런 딜레마가 드러나 있다.

200년 전이었다면
나는 행복한 사제로 살아갔을지도 모르지,
영원한 심판을 설교하고
호두나무 자라는 모습 보기를 좋아했으리.

아, 그러나 슬프게도, 사악한 시대에 태어나,
그 평안한 안식처를 놓쳐버렸네,
내 윗입술엔 수염이 자랐고
성직자들은 모두 말끔히 면도했으니.

그러다 아직 살기 좋았던 시절,
우리는 소박한 기쁨에 만족했고,
나무 품에 안겨
불안을 살살 잠재웠지.

아무것도 몰랐기에
지금은 숨기는 기쁨들을 당당히 누렸었네,
사과나무 가지 위에 내려앉은 방울새가
내 적들을 벌벌 떨게 할 수 있었으니.

그러나 소녀들의 배와 살구,
그늘진 시냇물의 잉어,
말들과, 여명에 날아가는 오리들,
이 모두가 꿈이어라.

다시 꿈을 꾸는 것은 금지되었으니,
우리는 기쁨을 불구로 만들거나 숨기네.
크롬 강철로 말을 만들어
작고 뚱뚱한 남자들이 올라타리.

나는 꿈틀도 못 해본 벌레요,
처첩 없는 내시라네,

사제와 인민 위원 사이에서
유진 아람처럼 걷네.

인민 위원은 라디오를 켜둔 채
내 운세를 결정하고 있고,
사제는 더기로는 절대 손해나지 않는다며
오스틴 세븐을 사주기로 약속했네.

나는 거대한 대리석 방들에서 살아가는 꿈을 꾸었고
깨어나보니 현실이었네.
나는 이런 시대에 맞게 태어나지 않았으니,
스미스는? 존스는? 당신은 어떤가?

 스페인 내란과 1936~1937년에 발생한 그 밖의 사건들은 저울의 추를 완전히 기울였고, 그 후 나는 내가 어디 서 있는지 명확히 깨닫게 되었다. 1936년 이후 내가 쓴 진지한 작품은 한 줄 한 줄 모두 직간접적으로 전체주의에 '반대하고', 내가 아는 민주적 사회주의를 '옹호하기' 위해 쓴 것이다. 지금과 같은 시대에 이런 주제를 피해 글을 쓸 수 있다는 생각은 내게는 터무니없게 여겨진다. 모두가 어떤 식으로든 그런 주제에 대해 쓰고 있는 것이다. 단지 어떤 입장을 취하고 어떤 방식으로 쓰느냐의 문제다. 자신의 정치적 편향을 더 잘 자각

할수록, 자신의 미학적, 지적 진정성을 희생하지 않으면서 정치적으로 행동할 가능성이 더 커지게 된다.

지난 10년을 통틀어 내가 가장 하고 싶었던 것은 정치적 글쓰기를 하나의 예술로 만드는 일이었다. 내 출발점은 항상 당파성을, 즉 불의를 감지하는 데 있다. 책을 쓰려고 앉아 있을 때 나는 스스로에게 '예술 작품을 만들어내겠어'라고 말하지 않는다. 내가 글을 쓰는 까닭은 폭로하고 싶은 어떤 거짓이나 주의를 끌어내고 싶은 어떤 사실이 있기 때문이며, 내 최우선적인 관심사는 사람들이 귀를 기울이게 하는 것이다. 하지만 글쓰기가 또한 미학적인 경험이 아니라면, 나는 책은 물론 긴 잡지 글조차 쓸 수 없을 것이다. 내 글을 주의 깊게 읽어본 사람이라면, 노골적인 선전문이라 해도 전업 정치인이 보기에 엉뚱하다고 여길 만한 내용이 많이 담겨 있다는 걸 알아차릴 것이다. 나는 어린 시절에 체득한 세계관을 완전히 버릴 수도 없고, 버리고 싶지도 않다. 나는 건강히 살아 있는 한 산문 형식에 계속 애착을 느낄 것이고, 이 세상을 계속 사랑하며, 구체적인 사물과 쓸모없는 정보 조각에서 계속 즐거움을 느낄 것이다. 나의 이런 면을 억누르려고 해봐야 아무 소용 없다. 나의 과제는 내 안의 뿌리 깊은 호오와, 이 시대가 우리 모두에게 강요하는 본질적으로 공적이고 비개인적인 활동을 조화해나가는 것이다.

그것은 쉽지 않은 과제다. 구성과 표현의 문제가 발생하고,

진정성이라는 문제가 새롭게 제기된다. 이 과제에서 더 명백한 종류의 어려움을 한 가지 예로 들어보겠다. 내가 스페인 내란에 관해 쓴 《카탈로니아 찬가》는 물론 노골적으로 정치적인 책이지만, 대체로 어느 정도 초연한 태도로, 형식을 고려해 쓴 책이다. 이 책에서 나는 나의 문학적 본능을 훼손하지 않으면서 모든 진실을 말하기 위해 무척 애를 썼다. 그런데 무엇보다도 이 책에는 프랑코와 공모한 혐의를 받는 트로츠키주의자들을 옹호하는 신문 인용문 따위로 가득한 긴 장이 하나 있다. 1~2년만 지나도 일반 독자 누구도 관심 갖지 않을 그러한 부분이 책을 망칠 것은 뻔한 일이었다. 내가 존경하던 어느 비평가가 그 부분에 대해 내게 훈계를 했다. "왜 그런 걸 다 집어넣었습니까? 좋은 책이 될 수 있었는데, 보도물로 만들어버렸군요." 그의 말이 옳았지만, 그렇게 할 수밖에 없었다. 나는 영국에서 극소수의 사람들만이 알고 있었던, 무고한 사람들이 억울하게 누명을 덮어썼다는 사실을 우연히 알게 되었다. 그 사실에 분개하지 않았더라면, 그 책 자체를 절대 쓰지도 않았을 것이다.

이런 문제는 어떤 형태로든 다시 불거진다. 표현의 문제는 더 미묘해서 논하자면 너무 길어질 것이다. 근년에 나는 덜 아름답지만 더 정확한 글을 쓰려고 노력해왔다는 점만 말하겠다. 여하튼 나는 어떤 글쓰기 스타일을 완성할 즈음에는, 그 스타일을 넘어서게 된다는 것을 경험으로 알고 있다. 《동물 농장》은 내가 무엇을 하고 있는지 빈틈없이 의식하면서 정치적 목적과 예술적 목적을 하나로 융합하려 시도했던 첫 번째 책이다. 소설을 쓰지 않은 지 이제 7년이 지났지만, 조만간 소설을 또 하나 쓰고 싶다. 소설 쓰기는 실패할 수밖에 없고, 모든 책은 실패작이지만, 나는 내가 어떤 책을 쓰고 싶은지는 꽤 명확하게 알고 있다.

마지막 한두 페이지를 되짚어보니, 내가 글을 쓰는 동기를 순전히 공익적인 것처럼 포장한 듯하다. 나는 그것이 마지막 인상이 되기를 바라지 않는다. 사실 작가는 모두 허영심이 많고 이기적이며 게으르고, 글 쓰는 동기의 맨 밑바닥은 수수께끼로 남아 있다. 책을 쓴다는 것은 고통스러운 질병을 오래 앓는 일처럼 끔찍하고 진을 빼는 투쟁이다. 저항할 수도 이해할 수도 없는 어떤 악귀에게 떠밀려 하는 일이 아니라면 절대 그런 일에 손대지 않을 것이다. 잘은 모르지만 아마도 악귀는 아기가 관심을 끌려고 악을 쓰며 우는 일과 다름없는 본능일 것이다. 그럼에도 작가가 자신의 존재를 지우려 끊임없이 분투하지 않는다면 절대 읽을 만한 글을 쓸 수 없다는 것 또한 사실이다. 좋은 산문은 유리창과 같다. 어떤 동기가 가장 강한지는 나도 확신할 수 없지만, 어떤 동기가 따를 만한 것인지는 안다. 내 작업들을 돌이켜보면 내가 생명력 없는 책들을 쓰고 화려한 수사나 의미 없는 문장, 장식적인 형용사와 온갖 허튼소리에 현혹되었을 때는 예외 없이 '정치적' 목적이 결여되었던 때였다.

(1946년)

한 편의 시가 주는 의미

1889년에 죽은 제라드 홉킨스●는 저명한 영국 시인이자 로마 가톨릭 예수회 수사였다. 그의 시 〈펠릭스 랜들〉을 인용하는 것으로 글을 열려 한다.

편자공 펠릭스 랜들, 오 이제 그는 죽었단 말인가? 내 의무가 다 끝났단 말인가?
기골이 늠름하고 다부지게 잘생긴 그의 육신이 야위고 야위어갈 적에,
몸에 담긴 정신도 비틀거리며 혼미해지고, 네 가지 어떤
치명적인 질병이 그의 몸에 뿌리박고는 차지하려 다투는 것

● 독자적인 운율법의 사용 등 실험적 기법으로 강렬한 종교적 감정을 표현한 영국의 시인 제라드 홉킨스(1844~1889).

을 지켜본 내 의무가.

　병이 그를 무너뜨렸다. 못 견뎌 처음에 그는 욕지거리를 내뱉었지만, 마음이
　치유되었다, 후에 기름 부어 병자성사를 받았으나, 이미 여러 달 전부터 그의 마음은
　더 신성해졌어라 그에게 우리의 향기로운 용서와 죄의 씻음을 건넨 이래로.
　아, 그렇구나. 혹여나 지은 모든 죄를 용서하시고, 하느님 그를 편히 쉬게 하소서!

　병든 이 곁을 지키는 일은 그들을 우리에게 더 소중하게 만들며, 우리 또한 그들에게 소중한 존재가 되게 한다.
　내 혀가 그대를 위로했고, 손길은 그대의 눈물을 가라앉혔다.
　내 심장에 사무친 네 눈물을, 얘야, 펠릭스, 가여운 펠릭스 랜들.

　그때 예상했던 것과는 얼마나 다른지, 떠들썩하고 활기 넘치던 네 그 모든 시절에,
　그대가 거칠고 사나운 대장간에서, 동료들 가운데서 우뚝 힘차게
　우람한 회색 짐마차 말을 위해 신화 속 힘찬 말발굽 소리 들

리는 빛나는 샌들을 만들던 시절에!

이 시는 흔히 '난해하다'고들 한다. 굳이 어려운 시를 고른 이유가 있는데, 그 점은 곧 다시 설명할 것이다. 그럼에도 이 시의 전체적인 흐름은 충분히 명확하다. 펠릭스 랜들은 편자공, 즉 대장장이다. 시인은 랜들이 다니던 교회의 사제였고, 한창 건장하고 강인했던 랜들의 전성기부터 그를 알고 있었으며, 질병으로 피폐해져 어린아이처럼 침대에 누워 눈물 흘리며 죽어가는 모습 또한 지켜보게 된다. 이 시의 이야기는 이게 전부다.

그러면 이제 이 모호하고 문체가 사뭇 특이하다고도 할 수 있는 시를 의도적으로 고른 이유로 돌아가겠다. 홉킨스는 작가들의 작가라고 불리는 시인이다. 그는 매우 낯설고 기이한 스타일로 시를 쓰는데, 말하자면 나쁜 스타일로, 여하튼 모방하기에는 적절치 않다. 그의 스타일을 이해하기는 쉽지 않지만 기술적인 측면에 관심이 있는 전문가들은 매력을 느낄 수 있다. 그러므로 홉킨스에 대한 비평의 대다수는 그가 언어의 사용은 강조하지만, 주제는 매우 가볍게 다룬다고 말한다. 물론 모든 시 비평에서 첫째로는 귀로, 즉 소리로 시를 판단하는 것이 자연스러워 보인다. 운문에서 낱말들, 낱말의 소리들, 즉 낱말이 일으키는 연상, 그리고 두세 낱말이 만들어내는 소리와 연상의 조화는 산문보다 훨씬 더 중요하다. 그렇지 않다면, 운율을 갖춘 형식으로 글을 쓸 이유는 없다. 특히 홉킨스의 경우, 그가 어렵게 성취해내는 언어의 낯섦과 소리의 효과에서 오는 놀라운 아름다움은 다른 모든 것을 압도한다.

이 시의 가장 훌륭한 솜씨, 특별히 돋보이는 솜씨는 바로 언어의 우연성에서 기인한다. 이 시 전체를 하나로 묶어주고 마침내 어떤 장엄한 분위기를 부여하는 낱말, 즉 단순히 연민을 자아내기보다는 비극적 감정이 생기게 하는 낱말은 마지막에 나오는 샌들(sandal)인데, 우연히 랜들(randal)과 운율이 맞기에 홉킨스의 머릿속에 떠오른 것이 틀림없다. 이 낱말은 매일 샌들을 보고 직접 신기도 하는 동양 독자들보다는 영국 독자들에게 더 인상적이라는 점을 덧붙여야 할 것 같다. 영국 독자에게 샌들은 이국적인 물건으로, 주로 고대 그리스인과 로마인들을 연상하게 한다. 홉킨스가 짐마차 말의 편자를 샌들로 묘사할 때, 그는 별안간 짐마차 말을 문장(紋章)의 동물처럼 장엄한 신화적 창조물의 하나로 바꾸어놓는다. 그러고는 호메로스와 베르길리우스가 쓴 것 같은 운율 6보격인, 마지막 행(우람한 회색 짐마차 말을 위해 신화 속 힘찬 말발굽 소리 들리는 빛나는 샌들을 만들던 시절에!)의 고아한 운율로 그 효과를 더욱 강화한다. 소리와 연상의 조합을 통해 그는 한 평범한 마을 사람의 죽음을 비극의 차원으로 끌어올리고 있다.

그러나 그런 비극의 효과는 단순히 특정 음절의 조합만으로 생겨나지는 않는다. 시를 그저 일종의 모자이크처럼 종이

위에 낱말을 나열하는 양식으로 간주해서는 안 된다. 이 시가 감동적인 것은 소리와 음악적 특성 때문이지만, 홉킨스의 철학과 신념이 아니었다면 존재할 수 없는 정서적 내용 때문이기도 하다. 이 시는 무엇보다도 한 가톨릭교도, 두 번째로는 19세기 후반, 영국의 오랜 농경 생활양식인, 옛 색슨족 마을 공동체가 마침내 사라져가던 특정 시기를 살았던 한 남자에 관한 것이다. 이 시의 전체적인 정서는 기독교적이다. 이 시는 죽음에 관한 것이며, 죽음에 대한 태도는 세계의 주요 종교마다 다르다. 죽음에 대한 기독교적 태도는, 죽음은 기쁘게 맞이하거나, 의연한 무관심으로 대하거나, 가능한 한 오랫동안 회피해야 하는 것이 아닌, 반드시 겪어야만 하는 어떤 심오한 비극이라는 것이다. 기독교인이라면, 이 땅에서 영생을 누릴 기회가 주어진다 해도 이를 뿌리치겠지만, 그래도 죽음이란 끝내 슬픈 일이라고 느낄 것이다. 그리하여 이러한 정서가 홉킨스의 단어 사용에 영향을 미친다. 성직자로서의 이런 특별한 관계가 없었다면, 죽은 대장장이를 "얘야"라고 부르는 일은 일어나지 않았을 것이다. 그에게 죽음의 필연성과 슬픔에 대한 기독교적인 특별한 시각이 없었다면, 아마도 "떠들썩하고 활기 넘치던 네 그 모든 시절에"라는 표현을 생각해내지 못했을 것이다. 그뿐만 아니라 이 시는 앞서 말했듯이 홉킨스가 19세기 말경에 살았다는 사실에도 영향을 받는다. 그는 색슨 시대와 상당히 유사한 시골 마을에 살았지만, 당시는 철도의 영향으로 시골 공동체들이 바야흐로 해체되기 시작하던 시대였다. 우리가 어떤 것이 사라져갈 때에야 그것을 제대로 볼 수 있듯이, 그런 안목으로 그는 작고 독립적인 시골 마을의 숙련공 펠릭스 랜들과 같은 사람을 포착할 수 있었다. 예를 들어 이전 시대의 작가들은 아마도 그럴 수 없었을 테지만, 그는 랜들을 존경할 수 있었다. 그렇기에 이 시에서 그는 "거칠고 사나운 대장간"과 "동료들 가운데서 우뚝 힘차게"와 같은 표현을 세심히 만들어낼 수 있었다.

그럼에도 이런 종류의 주제를 다루는 데는 홉킨스의 특이한 스타일이 많은 도움이 되었으니, 그것의 기술적인 고찰로 돌아가보겠다. 영어는 여러 언어의 혼합어지만 주로 색슨어와 노르만 프랑스어로 구성되어 있고, 오늘날까지도 영국의 시골 지역에서는 이 두 언어 사이에 계층 구분이 존재한다. 농업 노동자들은 대부분 순수 색슨어로 말한다. 홉킨스 자신의 언어도 색슨어에 매우 가까워서 대부분의 사람이 복잡한 생각을 표현하고자 할 때처럼 긴 라틴어 단어 하나를 사용하는 대신, 영어 단어 몇 개를 묶어서 표현하는 경향이 있다. 이는 그가 의식적으로 초서● 이전의 초기 영국 시인들로부터 영감을 취한 것이다. 이 시에서 그는 '길'을 뜻하는 'road'와

● 영국의 시인인 제프리 초서(1342?~1400). 영어를 문학적 표준어로 격상시켰으며, 프랑스식 운율법을 영시에 도입해 '영시의 아버지'라 불린다.

'만들다'를 뜻하는 'fettle'과 같은 방언 몇 개를 사용하기도 한다. 일찍이 그가 옛 색슨 시대 시인들에 대한 순전한 기술적 연구를 하지 않았더라면, 영국 시골 마을의 분위기를 다시 만들어내는 그 특별한 힘을 얻을 수는 없었을 것이다. 이 시는 독특한 어휘와 특정 종교적, 사회적 세계관을 융합시킨 하나의 통합체이며, 동시에 하나의 통합체 이상인 것, 즉 함께 우거지며 자라나는 무엇이다. 이러한 어휘와 세계관은 분리할 수 없이 서로 융합되어 있으며, 그렇게 이루어진 전체는 부분보다 더 탁월하다.

짧은 시간 내에 나름대로 이 시를 분석하려고 노력했지만, 내가 말한 어떤 것도 내가 이 시에서 얻는 묘미를 명백하게 설명하거나 해명할 수는 없다. 그것은 결국 설명할 수 없는 것이며, 설명할 수 없음이 있기에 상세한 비평이 가치를 지니게 된다. 과학자들은 꽃의 생명 과정을 연구하거나 그 꽃을 구성 요소로 세세하게 분할할 수 있으며, 어떤 과학자라도 우리가 꽃에 관한 모든 것을 알게 되면 꽃이 덜 경이로워지는 게 아니라 오히려 더욱 경이로워질 거라고 말할 것이다.

(1941년)

그 브레이 교구 성직자에 대한 변론 한마디

 몇 해 전 한 친구가 나를 버크셔의 작은 교회로 데려갔는데 그 유명한 브레이 교구 성직자●가 한때 재직했던 곳이었다. (실제로는 브레이에서 몇 킬로미터나 떨어져 있는 걸 보면, 아마도 당시에는 두 교구의 성직이 하나였던 모양이다.) 교회 부속 묘지에는 웅장한 주목나무가 우뚝 서 있고, 둥치 아래 푯말에 따르면 다름 아닌 바로 그 브레이 교구 성직자가 직접 심었다고 한다. 당시에 나는 그런 사람이 그런 유물을 남겼다는 사실이 참 묘하게 느껴졌다.

 그 브레이 교구 성직자는 오늘날로 말하자면 《타임스》의

● 16세기 말부터 17세기 초까지 영국 버크셔 브레이 교구의 성직자로 재직했던 인물이다. 격변하는 종교적, 정치적 상황 속에서 종교적 신념을 유연하게 바꾸는 기회주의적 변절과 놀라운 적응력으로 자신의 지위를 유지한 것으로 유명하다. 사제와 신부와 목사직을 오가며 브레이 교구의 성직자 지위를 유지했다.

대표 필자도 될 수 있을 만큼 자질이 충분했지만, 존경할 만한 인물이라고는 할 수 없었다. 하지만 오랜 세월이 지난 지금, 그에게서 남은 것이라곤 희극적인 노래와 아름다운 나무 한 그루뿐이다. 이 나무는 대대로 사람들의 눈을 쉬게 해왔으니, 그의 정치적 변절 행위가 가져왔을 그 어떤 악영향도 충분히 상쇄하고 남았음에 틀림없다.

그런가 하면 버마의 마지막 왕인 티보도 좋은 인물과는 거리가 멀었다. 그는 술주정뱅이였고, 오백 명의 아내를 두었는데, 주로 과시 목적이었을 것이다. 왕위에 오른 후 그가 가장 먼저 한 조치는 칠팔십 명의 형제를 참수하는 것이었다. 반면 그는 만달레이의 먼지투성이 거리마다 후대에게 이로움이 되는 타마린드 나무들을 심었다. 그 나무들은 쾌적한 그늘을 드리우다가 1942년 일본의 소이탄에 모두 불타 없어졌다.

이런 맥락에서 볼 때, "오직 정의로운 자의 행동만이 죽어서도 향기로운 꽃을 피운다"라고 말한 시인 제임스 셜리는 너무 성급하게 일반화한 것 같다. 때때로 불의한 자의 행동도 적절한 시간이 지나면 썩 좋은 결과를 낳기도 한다. 그 브레이 교구 성직자가 심은 주목나무를 보았을 때 내 마음에 무언가가 떠올랐고, 후에 나는 존 오브리•의 글을 엮은 선집을 구해 17세기 전반기에 쓰인 것으로 보이는, 전원시 한 편을 다시 읽게 되었다. 그 시는 어느 오버올 부인에 대한 이야기에서 영감을 받은 것이었다.

오버올 부인은 한 주임 사제의 아내로 몹시 바람둥이였다. 오브리에 따르면 그녀는 "누구라도 거의 거절하지 않았고" 그녀의 눈은 "여지껏 본 것 중 가장 사랑스러웠으나 놀랍도록 음탕했다"라고 한다. 이 시는 ("양치기 청년"은 존 셀비 경이라는 인물로 추정된다) 이렇게 시작된다.

> 양치기 청년이 누워 있었네
> 아주 조용히 간절히
> 그 젊은 처녀를 한 번 더 갈망하며
> 아주 아리땁고 순결해라
> 그의 머리는 작은 둔덕 위에
> 그의 두 손은 허리에
> 모든 슬픔은 그녀를 잃어서라네
> 헤이 노니 노니 노……
> 그녀는 다정하고도 사랑스러웠지
> 그의 마음을 사로잡았지
> 그녀처럼 고운 사람은 다시 없어라
> 누가 그런 사랑을 다시 경험할 수 있으리

● 영국의 전기 작가, 민속학자, 자연철학자, 고고학자, 골동품 연구가, 수집가인 존 오브리(1626~1697). 대표적인 작품으로 동시대 인물들에 대해 간략하게 기록한 전기 모음집 《약전》이 있다.

> 천 명의 여자 중 누구도
> 그녀와 비할 수 없으리
> 아무도 그녀 같은 이 없네
> 헤이 노니 노니 노……

이 시는 여섯 개의 연으로 더 이어지고, 후렴구 "헤이 노니 노니 노"는 명백히 외설적인 의미를 띠며, 절묘하게 끝난다.

> 하지만 이제는 없는 그녀는 평원을 거닐던
> 가장 어여쁜 아가씨라네.
> 그녀에게 무슨 일이 일어났든지
> 양치기 청년을 탓하지는 마오.
> 왜냐하면? 그녀가 자신의 적이었으니,
> 스스로를 파멸시켰네
> 그녀는 자신에 대해 너무도 가식이 없었지
> 헤이 노니 노니 노.

오버올 부인은 브레이 교구 성직자보다 윤리적으로 더 나은 인물은 아니었지만 더 매력적이었다. 하지만 결국 그녀에게서 남은 것은 시 한 편뿐인데, 어떤 이유에서인지 이 시는 선집들에 수록되지 않았지만 여전히 많은 사람에게 즐거움을 안긴다. 그녀가 겪었을 고통, 그녀의 삶의 마지막 감정이 되었을 비참함과 허망함조차도 여름 저녁에 풍겨오는 연초 냄새처럼 일종의 아른거리는 여운으로 변모했다.

이제 다시 나무로 돌아오자면, 나무를 심는 것, 특히 수명이 긴 활엽수를 심는 것은, 돈도 수고도 별로 들이지 않고 후세에 전할 수 있는 선물이다. 더욱이 나무가 뿌리를 내리면 당신이 행한 선한 혹은 악한, 다른 어떤 행동의 가시적 효과보다도 훨씬 더 오래갈 것이다. 한두 해 전에 《트리뷴》에 나는 전쟁 전에 울워스 잡화점에서 6페니를 주고 덩굴장미를 사다 심었던 일에 대해 짧은 글을 쓴 적이 있다. 이 글로 나는 장미는 부르주아적이라는 한 독자의 분노에 찬 편지를 받기도 했지만, 여전히 내 단돈 6펜스가 담배나 훌륭한 페이비언 연구 팸플릿● 하나에 쓰이는 것보다 더 가치 있게 쓰였다고 생각한다

근래 나는 전에 내가 살던 시골집에서 하루를 보내게 되었는데, 만족스러울 만큼 놀라며 알아차린 바가 있다. 10여 년 전에 내가 심었던 것들이 이룬 무성함을 보며, 정확히 말하자면, 무의식적으로 선행을 한 것 같은 느낌을 받았다. 무언가

● 페이비언 협회에서 발행하는 출판물. 점직전 사회주의를 추구하며 1884년 런던에서 설립된 이 단체는 영국 노동당의 사상적, 정책적 기초가 되었다. 사회정의와 경제적 평등 등 다양한 사회적, 정치적 문제에 대한 연구 결과와 정책 제안을 담고 있는 페이비언 연구 팸플릿은 그들의 사상을 전파하고 정책 형성에 영향을 주는 중요한 역할을 했다.

자라나는 것에 조금이나마 돈을 쓰면, 약간의 푼돈으로도 무엇을 할 수 있는지 보여주기 위해 몇 개의 묘목에 든 비용을 기록할 가치가 있다고 생각한다.

우선 울워스 잡화점에서 덩굴장미 두 그루와 폴리안타 장미 세 그루를 그루당 6펜스에 샀다. 그다음은 덤불 장미 두 그루로, 종묘장에서 떨이로 파는 묘목 묶음 중 일부였다. 이 떨이 묘목 묶음은 유실수 여섯 그루에 덤불 장미가 세 그루, 그리고 구스베리 덤불 두 그루로 구성되어 있었고, 다 해서 10실링이었다. 유실수 한 그루와 덤불 장미 하나는 죽었지만, 나머지는 모두 지금까지도 잘 자라고 있다. 결과적으로 유실수 다섯 그루, 장미 일곱 그루, 그리고 구스베리 덤불 둘을 다 해서 12실링 6펜스에 얻은 셈이다. 이 식물들에는 별다른 품도 안 들었고, 최초 비용 말고는 다른 비용도 전혀 들지 않았다. 심지어 거름도 따로 준 일이 없었다. 그저 이따금 인근 농장의 말들이 우연히 시골집 울타리 밖에 멈춰 섰다가 지나갈 때면 양동이를 들고 나가 말의 분변을 거두어 담아 온 것이 전부였다.

그 후, 아홉 해 동안, 일곱 그루의 덤불 장미는 100개월 또는 150개월 동안 꽃을 피웠을 것이다. 내가 심었을 적에는 어린나무에 불과했던 유실수들이 바야흐로 당당히 열매를 맺기 시작했을 것이다. 지난주에는 자두나무 한 그루가 꽃을 가득 피웠고, 사과나무들도 제법 잘해낼 것 같다. 원래는 이 나무 무리 중에 약골이었던 콕스 오렌지 피핀 사과나무도 (튼튼했다면 떨이 묶음에 포함되지도 않았을 테지만) 열매 눈이 가득 달린 건실한 나무로 자랐다. 콕스 사과나무 심기가 공공심이 있는 행동이었다고 내가 주장하는 까닭은, 이 나무들은 열매를 맺기까지 오래 걸리며, 과실을 볼 때까지 그곳에 오래 살 거라고 생각하지 않았기 때문이다. 내가 심은 나무들에서 직접 사과를 따 먹지는 못했지만 누군가는 사과를 꽤 많이 누리게 되리라. 그들의 열매로 그들을 알라.● 그런즉 콕스 오렌지 피핀 사과는 맛이 좋은 과일로 알려져 있다. 하지만 내가 그 유실수들을 심은 것은 타인을 고려한 의식적인 선행은 아니었다. 그저 떨이로 싸게 파는 것을 보고는 별다른 준비도 없이 땅에 꽂듯 심어놓았을 뿐이다.

한편 후회되는 한 가지는, 평생 호두나무를 심어본 적이 없다는 것이다. 언젠가는 이를 바로잡을 기회를 가지려 한다. 요즘은 아무도 호두나무를 심지 않으니, 호두나무를 보게 되더라도 거의 예외 없이 수령이 오래된 나무다. 호두나무를 심는 일은 손주 세대를 위한 것인데, 누가 자기 손주 세대까지 신경이나 쓰겠는가? 모과나무나 뽕나무, 서양 모과나무도 심는 사람이 거의 없다. 하지만 이 나무들은 정원수들로, 자그마한 땅이라도 자기 땅이 있는 경우라야 심을 수 있다. 이와

● 〈마태복음〉 7장 20절.

는 달리, 걷다가 우연히 산울타리 자리나 불모지를 발견하게 되면, 전쟁 중에 학살된 나무들, 특히 참나무, 물푸레나무, 느릅나무, 그리고 너도밤나무들의 참혹한 학살을 바로잡기 위해 무언가 해볼 가치가 있다.

사과나무만 해도 100년 정도는 살 수 있으니 내가 1936년에 심은 콕스 사과나무는 21세기에도 여전히 열매를 맺고 있을지 모른다. 참나무나 너도밤나무는 수백 년을 너끈히 살며 수천수만 명의 사람에게 기쁨을 주다가 마침내 목재로 켜질 것이다. 물론 개인적인 조림 활동으로 사회에 대한 모든 의무를 다할 수 있다고 제안하는 것은 아니다. 그럼에도 뭔가 반사회적인 행동을 저지르게 될 때마다 수첩에 적어두었다가, 적절한 계절이 되면 도토리 하나를 땅속으로 밀어 넣는 것도 나쁜 생각은 아닐 것이다.

만약 스무 개 중 하나라도 완전히 자라 우거진다면, 평생 꽤 많은 해를 끼쳤더라도, 그 브레이 교구 성직자처럼, 결국에는 공익에 기여할 수 있게 될지 모른다.

(1946년)

물속의 달

 내가 제일 좋아하는 펍 '물속의 달'은 버스 정류장에서 고작 이 분 거리지만 샛길에 있어, 토요일 밤이라도 주정꾼들과 난동꾼들이 잘 찾아들지 못하는 것 같다.
 손님이 꽤 많기는 해도, 대부분 매일 저녁 같은 자리에 앉는, 맥주만큼이나 담소를 즐기려 이곳을 드나드는 '단골'들이다.
 어떤 펍을 왜 특별히 좋아하느냐 묻는다면 으레 맥주를 먼저 꼽겠지만, '물속의 달'이 내 마음을 가장 끄는 것은 흔히들 말하는 '분위기'다.
 우선 이 집의 외관과 내부 장식은 타협 없는 빅토리아 양식이다. 유리 상판을 깐 테이블이나 각종 현대식 끔찍함도, 가짜 지붕보도, 가짜 벽난로 벽감실도, 참나무 흉내를 낸 플라스틱 패널도 없다. 나뭇결이 돋보이는 목공예품과 바 뒤편의 장식 거울들, 무쇠 벽난로들과, 담배 연기로 검누렇게 얼룩진

화려한 장식의 천장, 그리고 벽난로 선반 위에 걸린 황소 머리 박제까지 이 모든 게 세련미는 없으나 견고하면서도 안락한 19세기 양식이다.

겨울에는 으레 적어도 바 두 곳은 벽난로 불이 훈훈하게 타고 있고, 빅토리아식 배치 덕분에 여유롭게 공간을 누릴 수 있다. 일반 바, 살롱 바, 여성용 바, 그리고 저녁에 곁들일 맥주를 공공연히 사기 쑥스러운 이들이 작은 단지나 병에 담아 갈 수 있는 옥외 공간이 있으며, 위층에는 식사 공간이 있다.

게임은 일반 바에서만 할 수 있기에, 다른 바에서는 날아오는 다트를 피하려고 연신 몸을 숙이고 다니지 않아도 된다.

'물속의 달'은 늘 조용해서 대화하기 좋다. 이 펍에는 라디오도 피아노도 없으며, 크리스마스이브 같은 특별한 날에도 점잖은 노랫소리가 들리는 정도다.

여자 바텐더들은 손님 대부분의 이름을 기억하고, 모든 손님을 친근하게 맞이한다. 모두 중년이며, 그중 둘은 머리를 적이 놀라운 색조로 물들였고, 모든 손님을 남녀노소 구별 없이 '자기'라 부른다('언니야'가 아닌 '자기'다. 바텐더가 '언니야'라고 부르는 펍은 항상 뭔가 무례하고 요란한 분위기가 감돈다).

대부분의 펍과 달리 '물속의 달'은 궐련뿐 아니라 잎담배도 팔고, 아스피린과 우표도 팔며, 전화도 편히 쓰라며 기꺼운 친절을 베푼다.

'물속의 달'에서는 정찬을 먹을 순 없지만, 스낵바가 있어

간소시지 샌드위치나 홍합(이 집 별미다), 치즈, 피클, 그리고 펍에서만 맛볼 수 있음직한 캐러웨이 씨를 뿌린 큼직한 비스킷을 늘 주문할 수 있다.

위층에서는 일주일에 엿새는 3실링 정도에 든든하고 맛있는 점심을 먹을 수 있다(예를 들자면 구운 고기 한 조각과 채소 두 가지에, 잼 롤빵이 나오는 한 끼다).

이 집 점심 식사가 주는 특별한 즐거움이라면 바로 흑생맥주가 곁들여 나온다는 점이다. 런던 펍 중에 흑맥주를 생으로 내놓는 데가 한 10퍼센트나 될까 싶은데, '물속의 달'이 그중 하나다. 이 집 흑맥주는 부드럽고 매끈한 크림 같아서 백랍 맥주잔에 따라 마시면 목 넘김이 더 좋다.

'물속의 달'은 맥주 담는 용기에 굉장히 까다로워서, 예컨대 맥주 세 홉을 손잡이 없는 유리잔에 따라 내오는 실수는 절대로 하지 않는다. 이 집은 유리와 백랍 머그잔 외에도, 지금은 런던에서 거의 볼 수 없는 산뜻한 분홍빛 도자기 머그잔도 갖추고 있다. 대부분의 사람이 투명한 잔에 마시길 좋아해서 도자기 머그잔은 30여 년 전에 밀려났지만, 내 생각에는 도자기 잔에 따른 게 더 맛이 좋다.

하지만 무엇보다 '물속의 달'이 놀라운 건 바로 뜰이 있다는 점이다. 살롱에서 바깥으로 이어지는 좁은 통로를 따라 걸으면, 이내 제법 널따란 뜰에 들어서게 되고, 거기 버즘나무들 아래에 자그마한 초록색 테이블들과 철제 의자들이 놓여 있는 것이다. 뜰 한쪽 끝에는 아이들이 타는 그네와 미끄럼틀도 있다.

여름날 저녁이면 종종 가족 파티가 열린다. 그러면 버즘나무들 아래 앉아, 미끄럼 타고 내려오는 아이들의 즐거운 비명소리를 들으며 맥주나 생사과술을 마실 수 있는 것이다. 어린 애들을 태워 온 유아차는 문 가까이 세워두면 된다.

'물속의 달'은 장점이 많지만, 제일 마음에 드는 건 뜰이다. 아빠만 혼자 나가고 엄마는 집에 남아 아기를 봐야 하는 대신 온 가족이 함께할 수 있기 때문이다.

엄밀히 말하자면, 아이들은 뜰에만 출입이 허용되지만, 슬쩍 펍에 들어가 부모가 마실 술을 곧잘 가져오기도 한다. 아마 법에 위배될 테지만, 어겨도 좋을 법이다. 아이들을 배제하고, 따라서 어느 정도는 여자들도 펍에 출입하지 못하게 하는 터무니없는 법이고, 바로 이 법이 가족이 함께하는 장소가 되어야 할 펍을 술만 진탕 마시는 그야말로 술집으로 만들어버리는 청교도적 난센스이기 때문이다.

'물속의 달'은 적어도 런던 근교에서는 내가 꿈꿀 수 있는 가장 이상적인 펍이다(시골 펍이라면 기대할 수 있는 것이 조금 다르다).

그러기에 이미 뭔가 김샌 느낌을 받은 기민한 독자라면 짐작하고 있을 무언가를 밝힐 때가 되었다. '물속의 달' 같은 곳은 어디에도 없다.

그러니까 그런 상호의 펍이 있을 수도 있지만, 나는 그곳에 대해 알지 못하며, 그런 장점들만을 고루 갖춘 펍을 아직까지도 찾지 못했다.

맥주 맛은 좋지만 식사는 할 수 없는 펍들, 식사는 할 수 있으나 시끄럽고 번잡한 펍들, 조용은 한데 맥주 맛이 영 만족스럽지 못한 펍들은 알고 있다. 뜰이 있는 펍은, 런던에 딱 세 군데 떠오를 뿐이다.

그래도 공정히 따져보자면, '물속의 달'에 거의 비견할 만한 펍을 몇 군데 알기는 한다. 완벽한 펍이 갖추어야 할 열 가지 요건을 앞서 언급했는데, 그중 여덟 가지를 갖춘 펍 하나를 알고 있다. 하지만 그 집에도 흑생맥주와, 도자기 머그잔만은 없다.

흑생맥주와 장작불이 타닥거리는 벽난로, 저렴한 먹을거리, 뜰, 살뜰히 살피는 바텐더가 있고, 라디오는 없는 펍을 아는 분이 있다면, 알려주시면 정말 기쁘겠다. 그 이름이 '붉은 사자'나 '철도 문장'●처럼 단조로운 곳이더라도 기쁠 것이다.

(1946년)

● '붉은 사자'는 영국에서 가장 흔하게 펍에 붙이는 상호다. '철도 문장'은 기차역이나 철도 가까운 펍에 자주 붙는 이름이다. 대부분의 펍이 상징 문양인 문장을 이름이나 간판 이미지로 사용한다.

난센스 시

많은 언어권에서 이른바 '난센스 시'는 없다고 알려져 있다. 영어권에서조차 그 수가 그리 많지 않다. 그나마 존재하는 것들도 대부분 전래 동요나 민속 시의 한 토막들인데, 이 중 일부는 처음부터 순전한 난센스로 창작되었다기보다 원래의 맥락이 잊히면서 점차 그런 성격을 띠게 된 것으로 보인다. 그 예로 전래 동요 〈시 소 마저리 도〉를 들 수 있다.

시 소, 마저리 도,
도빈에겐 새 주인이 생길 거야.
하루에 겨우 1페니만 받게 되겠지
왜냐면 더 빨리 달리지 못하니까.

어릴 적 옥스퍼드셔에서 들었던 다른 버전도 있다.

시 소, 마저리 도,
침대는 팔아버리고 밀짚 위에 누웠네.
철없는 말괄량이 아니었을까?
침대는 팔아버리고 흙바닥에 드러눕다니?

한때는 정말 마저리 도라는 인물이 실존했을 수도 있다. 어떤 이유에서인지 이 이야기에 들어오게 된 도빈이라는 존재도 말이다. 셰익스피어의 희곡 《리어왕》의 등장인물인 에드거가 "필리콕이 필리콕 언덕에 앉았구나"와 같은 구절들을 읊조릴 때, 그는 영문 모를 말을 하고 있지만 이런 구절들은 지금은 잊힌 민요에서 유래했을 파편들로, 한때는 의미를 담고 있었음이 분명하다. 우리가 거의 무의식적으로 끌어 쓰는 전형적인 민속 동요 몇 구절이 있는데, 이는 정확히 난센스라기보다는 "한 푼에 하나, 한 푼에 둘, 핫 크로스 번"*이나 "폴리, 주전자 좀 불에 올려, 다 같이 차 마시자"처럼 반복되는 어떤 사건에 대한 일종의 음악적인 말에 가깝다. 하지만 이처럼 시시해 보이는 동요 중 몇몇은 실제로는 삶에 대한 대단히 비관적인 관점, 즉 소박한 촌부들의 무덤가에서 얻은 지혜를 담고 있다. 아래의 예를 살펴보자.

● 십자가 모양이 새겨진 달콤한 빵. 영국에서는 주로 '성금요일'에 먹으며, 이를 파는 상인들의 외침에서 유래한 동요 구설이다.

솔로몬 그런디,

월요일에 태어났고요

화요일에 세례 받았어요

수요일에 결혼을 하고

목요일에 병이 들더니

금요일에 병이 깊어져

토요일에 죽어

일요일에 묻혔어요

그게 솔로몬 그런디의 끝이었어요.

이 동요에 담긴 우울한 이야기는, 여러분의 이야기나 내 이야기와 너무나도 흡사하다.

초현실주의가 무의식에 대한 의도적인 습격을 감행하기 전까지는, 노래의 무의미한 후렴구를 제외하고, 난센스 자체를 지향했던 시는 흔치 않았던 것 같다. 이런 흐름에서 에드워드 리어●는 독특한 위치를 차지하고 있다. 최근 리어의 난센스 시 모음집이 출간되었는데, R. L. 메그로즈가 엮은 것으로, 전쟁 발발 한두 해 전 펭귄북스에서 발간한 에드워드 리어 특별판을 책임졌던 인물이기도 하다. 리어는 풍자적 목적 없이,

---

● 영국의 예술가, 삽화가, 작가, 시인인 에드워드 리어(1812~1888). 난센스 시의 선구자로 평가받는다.

상상의 나라와 지어낸 단어들을 사용해 순수한 판타지를 선보인 첫 세대 작가 중 하나였다. 그의 시가 하나같이 모두 난센스인 것은 아니다. 일부는 논리의 왜곡을 통해 그런 효과를 발생시키기도 하지만, 그 기저에는 냉소적인 쓸쓸함이 아닌 온아한 슬픔이 드리워져 있다는 공통점이 있다. 그의 시들은 일종의 유머러스한 광기를, 약하고 부조리한 것들에 대한 타고난 동정심을 표현한다. 리어는 '익살 시'●의 창시자라 불릴 만하다. 비록 거의 동일한 운율 형식을 지닌 구절들이 이전의 작가들에게서 발견되기도 하지만 말이다. 이런 운문의 형식인 첫 행과 마지막 행의 운이 동일하다는 점은, 그의 익살 시에서 약점으로 꼽히기도 하지만, 실은 그 매력의 일부다. 아주 작은 변화만을 줌으로써 익살 시가 지닌 무익함의 인상을 증가시키는데, 강렬한 효과를 동원했다면 이런 인상은 지워져버렸을 것이다. 다음 시를 예로 들어보겠다.

> 포르투갈에 한 젊은 귀부인이 살았네
> 머릿속엔 온통 항해 생각뿐인 귀부인이
> 나무에 기어 올라갔네
> 바다를 더 잘 살펴보려고,

● 5행으로 이루어진 짧은 정형시. 보통 'AABBA'의 각운 구조를 가지며 해학적이거나 엉뚱한 내용을 담는다. 에드워드 리어가 대중화시켰다.

포르투갈 땅을 단 한 번도 떠나진 않을 테야 다짐하며.

리어 이후로 출판할 가치가 있으며, 인용할 만큼 재밌기도 한 익살 시가 드물다는 건 흥미로운 사실이다. 여하튼 〈올빼미와 야옹이〉나 〈용히봉히보의 구애〉 같은 몇몇 긴 시에서 그의 역량이 가장 잘 드러난다.

> 때 이른 호박이 피어나는
> 코로만델 해안가
> 깊은 숲속에
> 용히봉히보가 살고 있었답니다.
> 낡은 의자 두 개와 타다 남은 양초 반 개
> 손잡이 떨어진 낡은 주전자 하나
> 그게 그가 가진 전부랍니다.
> 깊은 숲속에
> 그게 용히봉히보의
> 용히봉히보의
> 전부랍니다.

그러다가 하얀 도킹종 암탉 몇 마리를 키우는 한 여인이 나타나고, 곧이어 결론이 나지 않는 연애 이야기로 이어진다. 메그로즈는 꽤 개연성 있게도 그것이 리어 자신의 삶에 일어난 어떤 사건을 가리키는 거라고 짐작한다. 결혼한 적이 없었기에, 리어의 성생활에 뭔가 심상치 않은 문제가 있었을 거라 추측하기 쉽다. 아마도 정신과 의사라면 그의 그림과 그가 지어낸 '런시블(runcible)' 같은 특정 조어의 반복에서 온갖 의미를 발견해낼 수 있을 것이다. 리어는 건강이 좋지 않았고, 가난한 집안의 남매 스물한 명 중 막내였다. 그렇기에 그는 아주 어려서부터 불안과 고달픔을 겪었을 테다. 좋은 친구들이 있었음에도 그가 불행했고 본질적으로 고독했다는 것은 분명하다.

올더스 헉슬리는 리어의 판타지를 자유에 대한 일종의 선언으로 높이 평가하면서, 리어의 익살 시에 등장하는 '그들'이 상식, 합법성, 그리고 일반적으로 따분한 규범을 대표한다고 강조했다. '그들'은 현실주의자, 실용주의자, 중산모를 쓴 냉철한 시민으로, 뭔가 가치 있는 일을 벌이는 걸 막으려고 혈안인 자들이다. 다음의 예를 살펴보자.

> 화이트헤이븐에 한 노인이 있었어요,
> 까마귀와 카드리유 춤●을 추던 노인이었죠,
> 그러자 그들이 말했어요, "이 새를 부추겨

● 18~19세기 유럽에서 유행했던 사교춤. 남녀 두 쌍이 사각형을 이루어 추는 춤이다.

춤을 추다니 어이가 없네!"

그러곤 그들은 화이트헤이븐의 그 늙은이를 때려죽였어요.

까마귀와 카드리유 춤을 췄단 이유로 사람을 때려죽인다는 것은 바로 '그들'이 충분히 할 법한 짓이다. 한편 허버트 리드● 또한 리어에 대해 호평했는데, 더 순수한 판타지라는 점에서 루이스 캐럴의 작품보다 그의 작품을 선호한다고 말했다. 내 경우엔, 자의적인 면이 가장 덜하고 해학과 왜곡된 논리가 가미될 때 리어의 작품이 가장 재밌게 읽힌다. 뜻 모를 이름 같은 것들을 맘껏 지어내며, 〈가정 요리를 위한 세 가지 조리법〉에서와 같이 자기만의 공상 놀이에 빠질 때, 그의 작품은 유치하고 지루해지기도 한다. 그의 시 〈발가락이 없어진 포블〉에는 보일 듯 말 듯 논리의 유령이 어려 있는데, 바로 미량의 의미라는 이 요소 때문에 이 시가 재밌게 느껴진다. 여러분도 기억나겠지만, 포블이 브리스틀 해협에 낚시하러 간 부분이 있다.

그러자 선원들도 제독들도 모두 깜짝 놀라 외쳤다,
그들은 포블이 멀리 저편으로 헤엄쳐 가는 걸 지켜봤다—
"녀석이 제 이모 조비스카의 수염이

● 영국의 시인, 미술사학자, 문학 및 예술 비평가인 허버트 리드(1893~1968).

새빨간 런시블 고양이에게 줄 물고기를 잡으러 가는구나!"

여기서 재밌는 점은 풍자적인 요소, 즉 '제독들'이다. '런시블'이라는 단어와 '수염이 새빨간 고양이'라는 자의적인 표현은 그저 다소 당혹감을 줄 뿐이다. 포블이 헤엄치고 있을 때 정체 모를 무언가가 다가와 포블의 발가락을 먹어치워버리고, 집에 돌아오자 이모가 이렇게 말한다.

"온 세상이 다 아는 사실이잖니,
그럼, 포블은 발가락이 없는 게 더 행복하고말고."

이 우스갯소리가 재밌는 이유는 여기에 정치적인 함의까지 담겨 있기 때문이다. 독재 정부에 대한 전반적인 이론이 '포블은 발가락이 없는 게 더 행복하다'는 한 문장에 잘 압축되어 있다. 널리 알려진 아래의 익살 시도 마찬가지다.

베이싱에 한 노인이 있었는데요,
그 노인은 침착하고도 아주 번뜩이는 지혜가 있었대요,
노인은 빠르게 잘 달리는 말 한 필을 사서,
전속력으로 말을 몰아
마침내 베이싱 사람들에게서 벗어났대요.

이 시는 그다지 자의적이지 않다. 이 시의 재미는 다시 한 번 '그들', 즉 존경받는 자들, 올바르게 생각하고 예술을 싫어하는 대다수의 베이싱 주민들을 넌지시 비판하는 데 있다.

그와 동시대 작가 중 가장 유사한 작가로 루이스 캐럴을 꼽을 수 있는데, 루이스 캐럴은 환상성은 덜하면서도, 내게는 더 재밌게 읽힌다. 메그로즈가 책의 서문에서 언급했듯이, 그 이후로 리어가 끼친 영향력은 상당했지만, 긍정적인 영향만을 끼쳤다고 보긴 어렵다. 오늘날 아동 도서에서 나타나는 다소 유치한 기발함은 얼마간 그에게서 유래된 것이라고 할 수도 있겠다. 어쨌든 리어의 경우에는 성공했지만, 의도적으로 난센스 시를 만들어내겠다는 생각은 조금 의심스럽다. 어쩌면 가장 훌륭한 난센스 시는 개인이 만들어내기보다 공동체를 통해 점진적으로, 또 우연히 생겨나는 것인지도 모른다. 반면 코믹 삽화가로서 리어가 끼친 영향은 매우 유익했을 것이다. 예를 들어 제임스 서버●는 직접적이든 간접적이든 리어에게 분명히 빚을 지고 있음이 틀림없다.

(1945년)

● 미국의 만화가, 작가, 유머 작가인 제임스 서버(1894~1961).《뉴요커》에 기고한 글과 만화로 유명하다.

불쾌함 없는 재미

영국 유머 문학의 황금기(재치나 풍자가 아닌 순수한 유머 글쓰기가 꽃피었던 시대)는 19세기 초부터 중후반 사이다.

이 시기에는 디킨스의 방대한 희극 작품들, 새커리●의 〈불행을 가져다주는 부츠〉와 〈티민스 씨네 소박한 만찬〉 같은 훌륭한 단편소설과 풍자소설들, 서티스●●의 《핸들리 크로스》, 루이스 캐럴의 《이상한 나라의 앨리스》, 더글러스 제럴드●●●의 《코들 부인의 한밤중 바가지 긁기》, 그리고 R. H. 배

● 영국의 소설가인 윌리엄 새커리(1811~1863). 대표작으로 《허영의 시장》 등이 있다.
●● 영국의 스포츠 작가이자 소설가인 로버트 서티스(1805~1864). 주로 여우 사냥을 소재로 한 유머 소설을 썼다.
●●● 영국의 극작가인 더글러스 제럴드(1803~1857). 빅토리아 시대에 전성기를 누린 영국의 풍자만화 잡지 《펀치》의 조기 기고사.

제2부 에세이 | 129

럼,• 토머스 후드,•• 에드워드 리어, 아서 휴 클러프, 찰스 스튜어트 캘벌리••• 등이 쓴 상당수의 유머 시가 있다. 이 황금기가 끝나고 얼마 지나지 않아 뒤이어 출간된 두 권의 책, F. 앤스티의 《뒤바꾸기》••••와 그로스미스 형제•••••의 《무명 일기》도 대표적인 코믹 명작이다. 적어도 1860년대까지만 해도 희극 삽화 역시 여전히 건재했으니, 디킨스의 작품에서는 크룩섕크••••••의 삽화, 서티스의 작품에서는 리치•••••••의 삽화, 그리고 심지어 자신의 작품에 직접 그린 삽화를 실은 새커리도 그 증거의 일부다.

나는 우리 세기의 영국에서는 읽을 만한 유머 문학이 전혀

• 영국의 성직자, 소설가, 시인인 R. H. 배럼(1788~1845). '토머스 잉골즈비'라는 필명으로 《잉골즈비 전설》을 썼다.

•• 영국의 시인이자 유머 작가인 토머스 후드(1799~1845).

••• 영국의 시인인 찰스 스튜어트 캘벌리(1831~1884). 재치 있는 유머 시와 풍자적인 패러디로 유명하다.

•••• 영국의 소설가, 유머 작가인 F. 앤스티(1856~1934). '토머스 거스리'의 필명이다. 대표작인 《뒤바꾸기》는 아버지와 아들의 몸이 바뀌는 이야기다.

••••• 영국의 작가 형제인 조지 그로스미스(1847~1912), 위던 그로스미스(1854~1919). 형제가 함께 쓴 《무명 일기》는 소시민 찰스 푸터의 일상을 코믹하게 그린 소설이다.

•••••• 영국의 삽화가, 캐리커처 작가인 조지 크룩섕크(1792~1878). 《올리버 트위스트》 등 찰스 디킨스 초기 작품의 삽화가로 유명하다.

••••••• 영국의 삽화가, 캐리커처 작가인 존 리치(1817~1864). 《펀치》의 주요 삽화가다.

쓰이지 않고 있다고 과장하고 싶지는 않다. 예를 들어 배리 페인,● 윌리엄 제이컵스,●● 스티븐 리콕,●●● P. G. 우드하우스,●●●● 허버트 조지 웰스●●●●●의 작품 중 좀 더 가벼운 글들, 에벌린 워,●●●●●● 그리고 유머 작가라기보다는 풍자 작가인 힐레어 벨록●●●●●●●의 작품 등이 있다. 그럼에도 우리 시대에는 누구도《픽윅 클럽 여행기》●●●●●●●●의 위상에 견줄 만큼 웃음을 자아내는 작품을 내놓지 못했을 뿐만 아니라 더 우려스러운 점은, 지난 수십 년 동안 수준 높은 유머 잡지

● 영국의 저널리스트, 시인, 작가인 배리 페인(1864~1928). 유머 단편으로 유명하다.

●● 영국의 단편소설 작가인 윌리엄 제이컵스(1863~1943). 주로 선원과 부두 노동지들에 대한 유머러스하거나 무서운 이야기를 썼으며《원숭이 발》등의 작품이 있다.

●●● 캐나다의 교사, 정치학자, 유머 작가인 스티븐 리콕(1869~1944).

●●●● 영국의 유머 작가인 P. G. 우드하우스(1881~1975).

●●●●● 영국의 작가인 허버트 조지 웰스(1866~1946). SF 작품인《타임머신》,《신들의 양식은 어떻게 세상에 왔나》등으로 유명하지만 코믹한 사회소설도 썼다.

●●●●●● 영국의 작가인 에벌린 워(1903~1966). 풍자소설인《한 줌의 먼지》등으로 유명하다. 제2차 세계대전을 겪은 뒤에는《다시 찾은 브라이즈헤드》와 같이 종교와 전쟁을 깊이 다룬 작품을 선보였다.

●●●●●●● 프랑스 태생의 영국 작가, 역사가, 시인, 가톨릭 변증론자인 힐레어 벨록(1870~1953). 풍자시로도 유명하다.

●●●●●●●● 찰스 디킨스의 첫 장편소설로 픽윅 클럽 회원들의 여행과 모험을 유머러스하게 그린 이야기다.

같은 것을 찾아볼 수 없었고, 지금도 마찬가지라는 사실이다. 주간 풍자문화 잡지 《펀치》를 향한 흔한 비난, 즉 예전 같지 않다는 비난은 《펀치》가 10년 전보다는 다소 재밌어졌기에 현재로서는 부당한 평가일 수도 있다. 하지만 90년 전과 비교하면 재미가 훨씬 '덜한' 것 또한 사실이다.

희극적인 운문 쓰기 역시 완전히 활력을 잃었다. 금세기 들어 영국에서는 벨록의 작품과 체스터턴●의 시 한두 편을 제외하고는 읽을 만한 유머 시들이 쓰이지 않는다. 또한 유머 시들에 들어 있는 재담 때문이 아니라 그림 그 자체로 재미있는 삽화 역시 매우 드물다.

작금의 이런 상황은 널리 알려진 사실이다. 웃음이 필요하다면 책이나 잡지에 기대기보다는 뮤직홀●●이나 디즈니 영화를 보러 가는 편이 더 낫다. 혹은 토미 핸들리●●●가 나오는 라디오를 켜거나 도널드 맥길●●●●의 그림엽서 몇 장을 사는 편도 나은 방법일 것이다. 미국의 유머 작가와 삽화가들

● 영국의 작가, 신학자, 평론가인 G. K. 체스터턴(1874~1936). '브라운 신부' 시리즈로 알려졌다.

●● 19~20세기 초 영국에서 유행한 대중 연예 극장으로, 노래, 코미디, 마술 등 다양한 공연을 선보였다.

●●● 영국의 코미디언인 토미 핸들리(1892~1949). BBC 라디오 쇼 〈ITMA〉로 큰 인기를 끌었다.

●●●● 영국의 삽화가인 도널드 맥길(1875~1962). 해변에서 팔던 외설적인 코믹 엽서로 유명하다.

이 우리보다 뛰어나다는 것 또한 대체로 인정하는 사실이다. 지금으로서는 우리에겐 제임스 서버나 데이먼 러니언•에 견줄 만한 작가가 없다.

한편 우리는 웃음이 어떻게 시작되었는지, 또는 그것이 어떤 생물학적 목적을 수행하는지 확실히는 알지 못하지만, 무엇이 웃음을 유발하는지는 대체로 알고 있다.

어떤 것이 정말로 불쾌하거나 실제로 겁주지는 않으면서도 기존 질서를 뒤흔들 때 웃음이 발생한다. 모든 농담은 작은 혁명이다. 유머를 한 구절로 정의해야 한다면, '위세 있는 사람이 쪼그만 압정 위에 떨어질락 말락 겨우 앉아 있는 꼴'로 표현할 수 있겠다. 위세를 허물어 권력자를 그 자리에서 끌어내리는 것, 가급적이면 쿵 하고 넘어뜨리는 것은 뭐든 재밌다. 더 크게 넘어질수록 그 농담은 더 커진다. 주교에게 커스터드 크림 파이를 날리는 게 보좌신부에게 던지는 것보다 훨씬 더 우스울 것이다. 나는 바로 이 일반적인 원칙을 고려하면 금세기 영국 희극 글쓰기의 문제가 무엇인지 알 수 있다고 본다. 오늘날 영국 유머 작가들 대다수는 너무 점잔 빼며, 너무 인정이 많아 물렁하고, 손쉽게 웃기려고 과하게 의도적으로 유머의 질을 떨어뜨린다. P. G. 우드하우스의 소설이나

• 미국의 저널리스트, 단편소설 작가인 데이먼 러니언(1880~1946). 뉴욕 브로드웨이의 도박사, 건달 등을 독특한 문체로 묘사했다.

A. P. 허버트의 운문은 교외 골프장 라운지에서 한가한 시간을 보내는 부유한 주식중매인들을 독자층으로 겨냥한 듯하다. 이들과 이들의 동류 작가는 모두 도덕적이든, 종교적이든, 정치적이든, 지적이든, 어떤 진흙탕도 휘젓지 말아야 한다는 불안감에 휩싸여 있다. 이 점을 고려할 때 벨록, 체스터턴, '티머시 샤이',● 그리고 '비치코머'●●(의 근작) 등 우리 시대 최고의 희극작가 대부분이 가톨릭 옹호자라는 사실은 우연이 아니다. 그렇기에 그들은 진지한 목적의식을 지녔고, 필요하다면 거칠고 대담한 반칙의 사용도 서슴지 않는 뚜렷한 태도를 드러낸다. 현대 영국 유머의 시답잖고 멍청한 경향성, 즉 불편한 진실과 주제를 회피하고, 지적 사유를 혐오하는 태도는 '불쾌하지 않게 재밌는'이라는 짧은 구절로 요약된다. 이 맥락에서 '불쾌한'은 보통 '도덕적으로 부적절한, 음란한'을 의미하지만, 최고의 농담이 꼭 음란한 농담은 아니라는 점은 바로 인정해야 한다. 단적인 예로, 에드워드 리어와 루이스 캐럴은 그런 유의 농담을 쓰는 일이 절대 없었고, 디킨스와 새커리도 거의 마찬가지다.

초기 빅토리아 시대 작가 대부분은 성적인 농담을 피했지만,

● 영국의 유머 작가, 전기 작가인 D. B. 윈덤 루이스(1891~1969)의 필명 중 하나다.

●● 원래는 D. B. 윈덤 루이스가 사용했으나, 나중에는 J. B. 모턴(1893~1979)이 이어받아 영국의 보수 성향 신문 《데일리 익스프레스》에 연재한 유머 칼럼의 제목 및 필명. 두 사람 모두 가톨릭적, 보수적 성향의 풍자 유머를 구사했다.

서티스, 매리엇,● 배럼과 같은 몇몇 작가의 작품에서는 18세기 특유의 음란한 유머의 자취가 남아 있었다. 하지만 문제는 이른바 '건전한 재미'를 강조하는 요즘의 태도가 실제로는 심각하거나 논쟁의 여지가 있는 어떤 주제도 기피하려는 보편적인 풍조의 결과물이라는 점이다. 외설이란, 본질적으로는, 일종의 전복이다. 초서의 《방앗간 주인의 이야기》가 도덕적 영역에서의 반란이라면, 《걸리버 여행기》는 정치적 영역에서의 반란이라 할 수 있다. 진실은, 부자와 권력자, 그리고 무사 안일주의자들이 가만 내버려두길 바라는 주제들을 어느 지점에선가 건드리지 않고는 인상 깊은 재미를 자아낼 수 없다는 것이다.

앞서 나는 19세기 최고의 희극작가 몇몇을 언급했지만, 그 이전 시대의 영국 유머 작가들, 예를 들어 초서, 셰익스피어, 스위프트,●● 그리고 악한소설 작가들인 스몰렛, 필딩, 스턴을 포함하면 이런 주장은 훨씬 설득력을 얻는다. 또한 아리스토파네스, 볼테르, 라블레, 보카치오, 세르반테스와 같은 고대와 현대의 외국 작가들을 떠올려보면 이런 사실은 더욱 분명해진다. 이 작가들 모두는 가차 없이 신랄하고 저속한 유머

● 영국의 해군 장교, 소설가인 프레더릭 매리엇(1792~1848). 해양 모험소설로 유명하다.

●● 아일랜드 출신의 영국 풍자 작가이자 시인, 그리고 성직자인 조너선 스위프트(1667~1745). 《걸리버 여행기》의 서사나.

로 유명하다. 작중인물들은 골탕 먹기 일쑤고, 우당탕 망가뜨리고 망가지며, 빨래 바구니에 숨고, 도둑질하고, 거짓말하고, 사기 치고, 있음직한 온갖 굴욕적인 상황에서 들통나고 만다. 나아가 모든 위대한 유머 작가는 사회가 당연하다고 여기는 신념과 미덕을 공격하는 데 망설임이 없다. 보카치오는 지옥과 연옥을 우스꽝스러운 우화로 취급하고, 스위프트는 인간 존엄성이라는 개념 자체를 의심하며, 셰익스피어는 가공인물 폴스태프●가 전투 중에 겁쟁이를 옹호하는 연설을 들려주게 한다. 결혼의 신성함이란 주제 역시 1000년 넘게 기독교 사회에서 유머의 주요 소재였다.

  그렇다고 해서 유머가 본질적으로 비도덕적이거나 반사회적이라는 말은 아니다. 농담은 도덕에 대한 일시적인 반란이며, 그 목적은 인간을 격하시키는 것이 아니라 인간이 이미 격하되었음을 일깨우는 데 있다. 셰익스피어에서 보듯, 기꺼이 극도로 외설적인 농담을 하려는 의지는 매우 엄격한 도덕적 기준과 공존할 수 있다. 디킨스처럼 분명한 정치적 목적을 띤 희극작가도 있고, 초서나 라블레처럼 사회 부패를 불가피한 것으로 받아들이는 작가들도 있지만, 그 어떤 훌륭한 희극작가도 사회가 선하다고 주장한 적은 없다.

● 셰익스피어의 희곡 《헨리 4세》에 등장하는 뚱뚱하고 허풍쟁이이며, 비겁하지만 매력적인 기사.

유머는 인간으로서의 속성을 적나라하게 드러내는 일이며, 인간의 경험과 이해에 비추어 볼 수 없는 것은 아무런 재미를 주지 못한다. 예컨대 동물은 우리 자신의 캐리커처이기 때문에 재밌을 수 있다. 돌덩어리 자체는 웃길 수 없지만, 돌에 눈이 맞는 시늉이나, 인간 형상으로 조각된 돌은 웃음을 자아낼 수도 있다.

물론 커스터드 크림 파이를 던지는 것보다 더 미묘한 폭로 방법도 있다. 순수한 판타지 유머도 있는데, 이는 스스로를 위엄 있고 이성적인 존재로 여기는 인간의 관념을 공격한다. 루이스 캐럴의 유머는 본질적으로 논리를 비웃는 데 있고, 에드워드 리어의 유머는 상식에 대한 일종의 교란인, 마치 폴터가이스트●의 장난 같은 엉뚱함에서 비롯된다. 붉은 여왕●●이 "나는 비교도 안 될 만큼 높은 언덕들을 본 적 있어 저건 골짜기라고나 부르게 될걸"이라고 말할 때, 그녀는 자기만의 방식으로 스위프트나 볼테르만큼이나 거침없이 사회의 저변을 공격하고 있는 것이다. 리어의 시 〈용히봉히보의 구애〉에서처럼 희극적 운문은 종종 현실 세계와 충분히 유사한 환상 세계를 구축해 그 효과로 현실 세계의 존엄성을 벗겨내는 데

● 독일어로 '소란스러운 영혼' 또는 '시끄러운 영혼'이라는 뜻. 살아 있는 사람 주변에서 발생하는 설명할 수 없는 소음, 물건 이동, 파손, 불빛 깜박임 같은 초자연적인 현상을 일컫는 용어다.
●● 루이스 캐럴의 《거울 나라의 앨리스》에 등장하는 체스 말 캐릭터.

중점을 둔다. 하지만 더 자주 희극적 운문은 용두사미의 효과, 즉 고상하고 유려한 언어로 시작했다가 느닷없이 우스꽝스럽게 쿵 곤두박이치는 효과에 의존한다. 예를 들어 캘벌리의 이 구절처럼 말이다.

> 옛적 나는 행복한 아이, 온종일
> 푸른 초원에서 즐거이 노래했지
> 몸에 꽉 끼는 파란 옷을
> 싫지는 않게 차려 입고서.

처음 두 행만 보면 어린 시절의 아름다움에 대한 감상적인 시가 아닐까 하는 인상을 준다. 혹은 벨록 씨의 운문 〈현대 여행가〉에서 묘사된 아프리카에 대한 여러 찬사처럼 말이다.

> 오 아프리카, 신비의 땅이여,
> 수많은 모래로 둘러싸인
> 풀과 나무가 무성한 땅이여……
> 옛 솔로몬 왕께 바칠 금을 캐던
> 그 머나먼 땅 오빌●이여.

● 구약성경에 언급되는 부유한 항구 또는 지역. 솔로몬 왕이 금과 보석을 가져온 곳으로 알려져 있으나 정확한 위치는 모른다.

그는 북쪽으로 페림●을 향해 항해해,

모든 금을 가져가버리고

뻥 뚫린 구멍 따위만 숱하게 남겼다네.

　브렛 하트●●의 〈모드 멀러〉의 속편에 나오는 다음과 같은 2행 연구도 마찬가지다.

하지만 그들이 혼례를 치른 바로 그날도

모드의 오라비 밥은 술에 절어 있었네

　이 역시 본질적으로 같은 기법을 사용한다. 볼테르의 '의사 영웅시'●●● 〈라 퓌셀〉●●●●과 바이런의 많은 시구도 약간 다른 방식이지만 본질적으로는 같은 기법을 사용한다. 당대 영

● 홍해의 남쪽 입구이자 아라비아반도와 아프리카 대륙을 가르는 전략적으로 매우 중요한 해상 통로인 바브엘만데브 해협에 위치한 예멘의 화산섬.

●● 미국의 단편소설 작가, 시인인 브렛 하트(1836~1902). 서부 개척 시대를 배경으로 한 이야기들을 남겼다.

●●● 영웅서사시의 형식을 빌려 그 내용을 희화화하는 풍자적인 장르.

●●●● 잔 다르크(1412~1431)의 별명으로, '처녀'라는 뜻. 오웰은 볼테르의 장편 풍자시 〈오를레앙의 처녀〉를 '라 퓌셀'로 줄여서 언급했다. 이 시에서 볼테르는 프랑스의 영웅 잔 다르크를 익살스럽고 때로는 외설적으로 희화해 당대의 종교적 열정과 영웅주의를 조롱했다. 출판 당시 큰 논란을 일으켰지만, 계몽주의 시대의 반권위적 경향을 보여주는 대표적인 풍자 작품으로 문학사적 의미를 지닌다.

국의 유머 시들은 오언 시먼, 해리 그레이엄, A. P. 허버트, A. A. 밀른 등의 작품을 보면 알 수 있듯이, 대부분 형편없는 작품들로, 기발함뿐 아니라 지성도 결여되어 있다. 이 작가들은 지식인처럼 보이지 않으려고 너무 애쓰며, 운문으로 글을 쓰는데도 시인으로 보이지 않으려고 너무 안달한다. 초기 빅토리아 시대의 유머 시들은 대체로 시에 대한 전통적인 관념의 유령에 사로잡혀 있다. 종종 아주 높은 수준의 기교를 구사하며, 때로는 암시적이고, 그리하여 '어렵다'. 아래는 배럼 시의 일부다.

> 아름다운 엉덩이●에 상처가 났구나,
> 젠장맞을 잭!
> 데 메디치가의 동상은 앞쪽이 깨져버렸고,
> 아나디오메네●●는 하도 많이 상해서
> 아마 스무 군데는 될 거야,
> 아니 그 이상일지도 몰라,
> 비너스의 손가락과 발가락이 바닥에 나뒹구네.

● 아름다운 뒷모습으로 유명한 고대 비너스 조각상을 가리킨다.
●● '물에서 솟아나는'이라는 뜻의 그리스어로, 바다 거품에서 태어나 뭍으로 올라오는 비너스를 묘사한 고대 회화나 조각을 가리킨다. 손상된 상태로 발견되는 경우가 많다.

배럼은 가장 진지한 시인조차 인정할 만한 기교를 보여준다. 또한 캘벌리의 〈담배에 바치는 송시〉를 다시 인용해보자.

> 그대여, 두려움이 덮칠 때,
> 물러가라 명하고, 기수의 등에
> 올라앉은 검은 근심을●
> 말에서 떨어뜨리는 이여,
> 희미한 새벽빛 속에서 달콤하고,
> 점심 먹은 것들 치운 후에 달콤하며
> 하루가 저물녘엔
> 아마도 가장 달콤하리!

캘벌리는, 보다시피, 독자의 주의력을 요구하며 난해한 라틴어 암시를 끌어들이기를 두려워하지 않는다. 그는 우눈한 이들을 위해 글을 쓰는 것이 아니며, 특히 〈맥주에 바치는 송시〉에서 참된 시의 스타일을 추구하고, 독자들이 상당한 지식을 가졌다고 적극적으로 가정하기 때문에 수사학적 웅장함과 세속적 시시함의 대비에서 오는 훌륭한 반전을 이룰 수 있다.

● 로마 시인 호라티우스의 송시에 나오는 "말 탄 자의 뒤에는 검은 근심이 앉아 있다"를 인용한 것이다.

요즘엔 저속하지 않고는 웃길 수 '없는' 것처럼 보인다. 여기서 '저속함'이란 오늘날 영국의 유머 작품들이 주로 대상으로 삼는 독자들의 기준을 따른 저속함을 의미할 뿐이다. 그러나 이른바 '저속하다'는 것이 섹스 유머에만 국한되는 것은 아니다. 죽음, 출산, 가난 역시 마찬가지인데, 이는 최고의 뮤직홀 코미디가 즐겨 다루는 또 다른 세 가지 주제다. 또한 지성에 대한 존중이나 뚜렷한 정치적 성향을 담은 유머는 실제로 저속하다 할 순 없어도, 어딘가 의심스러운, '저속해 보이는' 취향으로 취급받기 일쑤다. 유머의 주된 목적이 안락한 계층의 비위나 맞추는 것이라면 결코 진정으로 웃길 수 없다. 불편하게 들릴 너무 많은 것을 빼버릴 수밖에 없기 때문이다. 정말로 재미있으려면, 역설적이게도, 진지해져야만 한다. 《펀치》는 적어도 지난 40년간, 참된 웃음을 주기보다는 안도감을 주려 애써왔다는 인상을 풍긴다. 그것이 암묵적으로 던지는 메시지는 현 상황의 모든 것이 최선의 상태이며, 실제로 아무것도 바뀌지 않으리라는 것이다.

이는 결코 《펀치》가 처음 시작했을 때의 신조가 아니다.

(1945년)

문학의 질식

1년 전쯤, 나는 펜클럽● 회의에 참석한 적이 있다. 밀턴●●의 《아레오파지티카》(기억하는 사람도 있겠지만, 출판과 언론의 자유를 옹호한 소책자다)의 300주년을 기념하는 자리였다. 회의를 앞두고 배포된 홍보 인쇄물에는 책을 '죽이는' 죄에 대한 밀턴의 유명한 문구가 실려 있었다.

연단에는 네 명의 연사가 자리했다. 그중 한 명은 언론의 자유 문제를 다루었으나, 오직 인도 문제에 국한해서였다. 또 다른 연사는, 망설이는 태도로, 자유는 좋은 것이라고 매우 막연하게 발언했다. 세 번째 연사는 문학의 외설성과 관련된 법규를 비난했다. 마지막 연사는 연설 대부분을 러시아에

● 1921년 런던에서 창설된 국제 작가 협회.
●● 영국의 시인인 존 밀턴(1608~1674).

서 벌어지는 숙청을 옹호하는 데 할애했다. 당일 본회의장에서 이어진 연설 중 일부는 외설과 그 관련법의 문제를 다시 거론하는 것이었고, 나머지는 소비에트 러시아에 대한 찬사 일색이었다. 도덕적 자유, 즉 섹스 문제를 지면에서 솔직하게 말할 자유는 대체로 받아들여지는 듯했으나, 정치적 자유는 아예 거론조차 되지 않았다. 수백 명이 모인 중앙 홀에서 아마도 절반은 문필업에 직접적으로 관련 있는 이들일 텐데도, 언론의 자유가, 그게 조금이라도 의미가 있다면, 비판과 반대의 자유를 의미한다는 사실을 지적하는 사람은 단 한 명도 없었다. 의미심장한 것은, 명목상 기념한다는 밀턴의 소책자를 인용하는 연사가 단 한 명도 없었다는 점이다. 게다가 전쟁 동안 영국과 미국에서 '죽임'당한 여러 책에 대해서도 아무런 언급이 없었다. 사실상 이 회의는 검열에 찬성하는 시위에 다름이 아니었다.●

딱히 놀랄 일도 아니다. 우리 시대에 지적 자유라는 개념은 양쪽에서 공격받고 있다. 한쪽에는 이론적인 적들, 즉 전체주의 옹호자들이 있고, 또 한쪽에는 독점과 관료주의라는 지적

● 일주일 남짓 열렸던 펜클럽 기념행사가 항시 같은 수준으로 이어진 것은 아니었다. 내가 간 날이 마침 형편없었다. 그러나 ('표현의 자유'라는 제목으로 인쇄된) 연설문을 살펴보면, 더군다나 밀턴은 내전 시기에 글을 썼음에도, 우리 시대에는 누구도 300년 전의 밀턴만큼 지적 자유를 그토록 단호하게 옹호하지 못한다는 것을 알 수 있다(원주).

자유의 직접적이고도 실질적인 적이 포진하고 있다. 자기 정직성을 지켜내려는 작가나 저널리스트라면 적극적인 박해보다는 오히려 사회의 전반적인 흐름에 막혀 좌절당하고 만다. 작가에게 불리하게 작용하는 것들로는 몇몇 부유한 이들 손에 집중된 언론, 독점화되어 있는 라디오와 영화, 책에는 돈을 쓰기 꺼리는 대중으로 인해 거의 모든 작가가 생계를 위해 어느 정도는 잡문을 써야 하는 현실, 작가의 생계유지에는 도움이 되나 시간을 낭비하게 하고 작가의 의견을 통제하는 정보부나 영국 문화원 같은 정부 기관의 간섭, 그리고 지난 10년간 지속한 전쟁 분위기로 인해 그 왜곡된 영향에서 누구도 벗어날 수 없었던 현실 등이다. 우리 시대의 모든 것이 공모해 작가를 비롯한 모든 예술가를 하급 관리로 만들어버린다. 그리하여 위에서 내려보낸 주제만을 다루게 하고, 자신에게 진실의 전모로 보이는 것들에 대해서는 철저히 침묵하게 한다. 그러나 이런 운명에 맞서 허덕일 때도, 작가들은 자기편의 도움조차 받지 못한다. 즉 그가 옳다고 확언해줄 규모 있는 의견 집단 자체가 존재하지 않는다. 과거, 적어도 프로테스탄트 시대에는 저항이라는 개념과 지적 진실성이라는 개념이 서로 혼용될 수 있었다. 이단자는(정치적이든, 도덕적이든, 종교적이든, 미학적이든) 자기 양심을 거스르기를 거부하는 사람이었다. 그런 이단자의 관점은 부흥 찬송가 가사에 잘 요약되어 있다.

감히 다니엘처럼 담대하라

감히 홀로 일어서라

감히 신념을 확고히 하라

감히 이를 널리 알리라

 이 찬송가를 시대에 맞게 바꾸려면 각 구절의 끝에 '하지 말라'를 붙여야 할 것이다. 우리 시대의 특이한 점은 기성 질서에 맞서는 반대자들, 그중 전형적인 대다수가 개인의 진실성이라는 개념 또한 거스른다는 것이기 때문이다. "감히 홀로 일어서라"라는 말은 이념적인 죄악일 뿐만 아니라 실질적으로도 위험하다. 작가와 예술가의 독립성은 모호한 경제 세력에게 좀먹히고 있는 동시에 그런 독립성의 수호자가 되어야 할 자들에 의해 훼손되고 있다. 여기서 내가 주목하는 바는 바로 이 두 번째 과정이다.

 사상과 언론의 자유는 대개 신경 쓸 가치도 없는 주장들의 공격을 받는다. 강연이나 토론을 해본 사람이라면 그런 주장들을 잘 알고 있다. 여기서 나는 자유는 환상이라는 익숙한 주장이나 민주주의국가보다 전체주의국가에 자유가 더 많다는 주장을 다루려는 게 아니다. 내가 다루고자 하는 것은, 자유가 바람직하지 않으며 지적 정직성은 반사회적인 이기심의 한 형태라는 훨씬 더 끈질기고도 위험한 명제다. 언론과 출판의 자유에 대한 논쟁은 보통 이 문제에 관한 여러 양상을 전면에 부각하는 모양새를 띠지만, 결국은 거짓말을 하는 것이 바람직한지 아닌지에 대한 논쟁인 것이다. 실제로 중요한 것은 지금 일어나는 사건들을 사실 그대로 보도할 권리다. 더 정확히 말하면, 모든 관찰자가 필연적으로 안고 있는 무지, 편견, 자기기만이라는 한계를 인정하며 최대한 사실 그대로 보도할 권리다. 이렇게 말하면 정직한 '르포'만이 유일하게 중요한 문학 형식이라고 말하는 것처럼 보일지 모른다. 하지만 나는 나중에 모든 문학 분야에서, 아마도 모든 예술 분야에서 동일한 문제가 다소 미묘한 형태로 나타난다는 걸 밝힐 것이다. 그러자면 우선 이 논란을 포위하고 있는 불합리성을 싹 걷어낼 필요가 있다.

지적 자유의 적들은 언제나 규율 대 개인주의라는 구도로 자신들의 주장을 펼치려 하고, 진실 대 허위라는 문제는 가능한 한 뒷전으로 밀쳐버린다. 강조점이 다르기는 하지만, 자신의 의견을 팔아먹기를 거부하는 작가는 어김없이 한낱 이기주의자로 낙인찍히고 만다. 즉 상아탑 안에 틀어박혀 입 다물려고 한다거나, 자신의 개성을 과시적으로 내세우려 한다거나, 부당한 특권을 고수하려 피할 길 없는 역사의 흐름을 거스르려 한다는 비난을 받는다. 가톨릭교도와 공산주의자는 그들의 반대자가 정직하면서 지적일 수는 없다고 가정한다는 점에서 닮아 있다. 이 두 집단 모두 '진실'은 이미 밝혀져 있으며, 순전히 바보가 아니라면 이단자는 은밀히 '진실'을 인지하고 있으나, 단지 이기적인 동기에서 거부할 뿐이라고 암묵적으로 주장한다. 공산주의 문학에서 지적 자유에 대한 공격은 일반적으로 '소시민적 개인주의'니 '19세기 자유주의의 망상'이니 하는 수사적 언사로 위장되어 나타나며, 합의된 의미가 없어서 이에 대응하기도 어려운 '낭만적'이니 '감상적'이니 하는 폭언의 엄호를 받는다. 이런 식으로 논쟁이 그 실제 핵심에서 벗어나게 한다. 진정한 자유는 계급 없는 사회에서만 가능하며, 그런 사회를 실현하기 위해 노력할 때에만 가장 자유로운 상태가 된다는 공산주의 명제를 의식 있는 사람들 대부분은 받아들일 것이다. 그런데 이 명제와 함께 전혀 근거 없는 주장이 슬쩍 끼어든다. 공산당이 계급 없는 사회의 건설을 목표로 하고 있으며, 소련에서는 그런 목표가 실제로 실현되고 있다는 주장이다. 이 첫 번째 주장이 두 번째 주장으로 이어지도록 허용한다면, 인간으로서의 보편적인 품위와 상식에 대한 공격까지도 정당화될 것이다. 하지만 그 사이 진짜 논점은 가려진다. 지적 자유란 보고 듣고 느낀 그대로를 알릴 자유를, 허구의 사실과 감정을 꾸며내도록 강요받지 않을 자유를 뜻한다. '현실도피', '개인주의', '낭만주의'를 운운하는 익숙한 장광설의 비난은 수사적인 장치일 뿐, 그 목적은 역사 왜곡을 그럴듯하게 보이도록 만드는 데 있다.

  15년 전에는 지적 자유를 옹호하려면 보수주의자나 가톨릭교도, 그리고 어느 정도는(영국에서는 그다지 세력이 크지 않왔기에) 파시스트에 맞서야 했다. 오늘날에는 지적 자유를 지켜내려면 공산주의자와 '동조자'에게 맞서야 한다. 소규모 영국 공산당의 직접적인 영향력을 과장해서는 안 되지만, 러시아의 '신화'가 영국인의 지적 생활에 악영향을 미치는 것은 분명하다. 그 때문에 이미 알려진 사실이 은폐되고 왜곡되어 우리 시대의 참된 역사가 쓰여질 수 있을지 의심스러울 정도다. 그 수많은 사례 중 일례만 들어보겠다. 독일이 패망했을 때 소련인 상당수가 (대개 비정치적 동기에서) 당파를 바꿔 독일 편에서 싸웠다. 또한 소련인 포로와 피난민 가운데 적지만 무시할 수 없는 수의 사람이 소련으로 돌아가기를 거부했고, 일부는 본인의 의지에 반해 본국으로 송환되었다. 현장에 있던 많은 저널리스트가 이런 사실을 알고 있었지만, 영국 언론에서는 거의 언급되지 않았다. 동시에 영국의 친러파 홍보 담당자들은 소련에는 '부역자가 없었다'고 주장하며 1936~1938년의 숙청과 강제 추방을 계속해서 정당화했다. 우크라이나 기근이나 스페인 내란, 소련의 대폴란드 정책 같은 주제를 둘러싼 거짓과 오보의 안개는 전적으로 의식적인 부정직함 때문만은 아니었다. 소련에 전폭적으로 동조하는, 즉 러시아인이 원하는 방식으로 동조하는 작가나 저널리스트라면 중요한 문제에 대한 의도적인 날조를 묵인해야만 했다. 지금 내 앞에는 좀처럼 구하기 어려운 희귀본 소책자 한 권이 놓여 있다. 이는 1918년에 막심 리트비노프가 쓴 것으로, 러시아 혁명 당시의 사건 개요를 개괄한 책자다. 이 책자에서는 스탈린에 대한 언급이 없는 반면, 트로츠키와 지노비예프, 카메네프 등의 몇몇 인물에게는 극찬을 하고 있다. 가장 지적으로 양심적인 공산주의자라도 그런 책자에 어떤 태도를 취할 수 있을까? 기껏해야 이 소책자는 바람직하지 않은 문건이므로 출판을 금지시키는 게 좋겠다는 은폐적인 태도일 것이다. 그리고 어떤 이유로든 트로츠키를 폄하하고, 스탈린에 대한 언급을 끼워 넣은 왜곡된 판본을 발행하기로 결정되더라도 당에 충성해온 공산주의자는 이에 항의하지 못할 것이다. 이렇듯 노골적인 날조 행위가 지난 몇 년 동안 자행되고 있다. 그러나 주목해야 할 점은 그런 일들이 벌어진다는 것이 아니라, 그런 사실이 밝혀져도 좌파 지식인 전반에서 아무런 반응이 일지 않는다는 것이다. 진실을 말한다는 게 '시의적절하지 않다'거나 '적의 손에 놀아나게 되는' 행위라는 주장은 반박할 수 없는 것처럼 간주되며, 그들이 묵인하는 거짓말이 신문 지면을 넘어서 역사책에 실릴 것이라는 전망을 우려하는 이조차 거의 없다.

전체주의 국가들이 관행화한 조직적인 거짓말은, 흔히 주장하듯 군사적 속임수와 같은 성질의 임시방편이 아니다. 이는 전체주의의 핵심 요소이며, 강제 수용소나 비밀경찰 기관이 더는 필요 없어진다 해도 여전히 계속될 무엇이다. 공산주의자 지식인들 사이에서 은밀히 떠도는 전설이 하나 있다. 러시아 정부가 지금은 어쩔 수 없이 거짓 선전, 재판 조작 등을 실행하고 있지만, 비밀리에 진실들을 기록하고 있으며 미래의 어느 시점에 이를 공개할 거라는 말이다. 나는 절대 그렇게 되지 않을 거라 확신한다. 그런 행보에 내포된 정신이란, 과거는 바꿀 수 없으며 역사에 대한 정확한 지식은 당연히 값지다고 믿는 자유주의 역사가의 정신이기 때문이다. 전체주의 관점에서 역사란 배우기보다는 새롭게 창조되어야 할 대상이다. 전체주의국가는 사실상 신정국가이며, 그 지배계급은 자기 지위를 유지하기 위해 절대로 옳은 존재로 인식되어야 한다. 그러나 현실에서 실수 없는 사람은 없기에, 이런저런 실수가 저질러지지 않았다거나, 이런저런 허구의 승리가 실제로 일어났다고 보여주기 위해 과거 사건들을 조작해야 하는 상황이 빈번하다. 또한 정책에 큰 변화가 있을 때마다 그에 따른 신조의 변화가 수반되고 저명한 역사적 인물들에 대한 의도적인 재평가가 이루어진다. 이런 유의 일은 어디서나 일어나지만, 주어진 상황에 단 하나의 의견만 허용되는 사회에서는 노골적인 조작으로 이어질 가능성이 다분하다. 실제로 전체주의는 과거를 지속적으로 수정할 것을 요구하며, 장기적으로는 객관적 진실의 존재 자체를 불신할 것을 요구한다. 이 나라에서 전체주의의 옹호자들은 어차피 절대적 진실에는 도달할 수 없기 때문에 큰 거짓말이 작은 거짓말보다 더 나쁠 게 없다고 주장하곤 한다. 모든 역사적 기록이 편

파적이고 부정확하다거나, 다른 한편으로는 현대물리학이 우리에게 실제 세계로 보이는 것이 허상임을 입증했으니 자신의 감각을 통해 경험한 증거를 믿는다는 건 저속한 무교양일 뿐이라고 지적한다. 영속하는 데 성공한 전체주의 사회는 아마도 정신분열증적인 사고 체계를 구축할 것이다. 그런 사고 체계에서는, 상식의 법칙이 일상생활과 특정 정밀과학에서는 유효하지만 정치가, 역사가, 사회학자에게는 묵살될 수 있다. 과학 교과서를 왜곡하는 것은 부도덕한 일이라고 여기면서도, 역사적 사실을 왜곡하는 것에는 아무런 문제의식이 없는 사람이 이미 무수히 많다. 전체주의가 지식인에게 가장 큰 압력을 행사하는 곳은 바로 문학과 정치가 교차하는 지점이다. 적어도 현재로서는 정밀과학이 그 정도의 위협을 받지는 않는다. 모든 국가에서 과학자들이 작가들보다 자국 정부에 협력하기 더 쉬운 것은 부분적으로 이런 이유 때문일 것이다.

이 문제의 관점을 명확히 하기 위해 이 에세이의 서두에서 했던 말을 다시 한번 옮길 필요가 있다. 즉 영국에서 진실, 더 나아가 사상의 자유가 당면한 적은 언론 재벌들과 영화계 거물들, 그리고 관료들이지만, 거시적으로 보면 지식인 사이에서 자유에 대한 갈망이 약화되고 있다는 점이야말로 가장 심각한 징후라는 것이다. 이제껏 내가 문학 전반이 아닌, 정치적 저널리즘이라는 한 분야에 대한 검열의 영향만을 이야기해온 것처럼 비쳤을지도 모르겠다. 소비에트 러시아가 영국 언론에서 일종의 금단의 영역으로 여겨지고, 폴란드, 스페인 내란, 독소불가침조약 등과 같은 사안들이 진지한 토론에서 배제되며, 지배적인 정설과 충돌하는 정보를 가질 경우 그것을 왜곡하거나 외면할 것이 요구된다는 점을 모두 인정하더라도, 이 모든 사실을 감안할 때 왜 보다 넓은 의미의 문학이 영향을 받아야 하는 걸까? 모든 작가가 정치인인가? 모든 책이 꼭 직설적인 '르포'여야 할까? 가장 엄혹한 독재 치하라 해도 작가 개개인은 자기 내면에서 자유를 지켜내고 통념을 벗어난 자기 생각이 어리석은 당국에 간파되지 않도록 정제하거나 위장할 수는 없는 걸까? 그리고 만일 작가 스스로가 지배적인 통념과 의견을 같이한다고 한들, 어째서 그것이 작가를 제한한다고 보는가? 문학, 아니 어떤 예술이든 심각한 의견 충돌이 없고 예술가와 그의 관객이나 독자 사이에 뚜렷한 차이가 없는 사회에서 가장 번영할 가능성이 크지 않은가? 모든 작가를 반항아로, 심지어 작가라는 존재 자체를 예외적인 인물로 봐야 하는가?

전체주의의 횡포에 맞서 지적 자유를 옹호하려 할 때마다 이와 같은 유의 주장들과 어떤 식으로든 부딪치게 된다. 이런 주장은 문학이 무엇인지, 문학이 어떻게('왜'라고 해야 할지도 모른다) 생겨나는지에 대한 총체적인 오해에 기반을 두고 있다. 그들은 작가를 단순한 예능인으로, 아니면 손풍금 연주자가 곡을 바꾸듯 한 선전 노선에서 다른 선전 노선으로 손쉽게 논조를 바꿀 수 있는 부패한 '매문가'로 치부한다. 그러나 결국 책이란 어떻게 쓰이게 되는가? 아주 낮은 수준을 넘어서면, 문학은 경험을 기록함으로써 동시대 사람들의 관점에 영향을 끼치려는 시도다. 그리고 표현의 자유에 관한 한, 평범한 저널리스트와 가장 '비정치적'이고 창의적인 작가 사이에는 큰 차이가 없다. 저널리스트는 거짓 기사를 작성해야 하거나 중요하다고 생각하는 뉴스를 은폐해야만 할 때, 자유롭지 못하며 부자유를 의식하게 된다. 창의적인 작가는 자신의 관점에서는 사실인 주관적인 감정을 왜곡해야 할 때, 자유롭지 못하다. 작가는 의미를 보다 명확히 드러내기 위해 실제를 왜곡하거나 풍자할 수는 있어도, 자기 내적 풍경을 거짓되게 표현할 수는 없다. 또한 자신이 싫어하는 것을 좋아한다고도, 자신이 믿지 않는 것을 믿는다고도 자신 있게 말할 수 없다. 만약 그가 그렇게 하도록 강요받는다면, 그 결과 그의 창의력은 고갈되고 말 것이다. 논쟁적인 주제를 멀리한다고 문제가 해결되는 것도 아니다. 진정으로 비정치적인 문학이란 존재하지 않기 때문이다. 특히나 직접적으로 정치적인 유형의 두려움, 증오, 충성이 모든 이의 의식 표면 가까이에 드러나 있는 우리 시대에는 더욱 그러하다. 자유롭게 떠오른 생각 하나가 금지된 사고로 이어질 위험이 늘 도사리고 있기 때문에, 단 하나의 금기조차도 인간의 정신에 전방위적인 마비 효과를 가져올 수 있다. 따라서 전체주의의 분위기는 시인, 적어도 서정 시인에겐 최소한 숨을 이어갈 만한 것일지 몰라도 모든 장르의 산문작가에겐 치명적이다. 그리고 어떤 전체주의 사회가 두어 세대 이상 살아남는다면, 지난 400년 동안 존재해온 유의 산문문학은 사실상 종언을 맞게 될 것이다.

문학은 때때로 독재 체제에서도 번성한 적이 있지만, 자주 지적되었듯이 과거의 독재정치는 전체주의가 아니었다. 그들의 억압 기구는 늘 비효율적이었고, 그 지배계급은 대개 부패하거나 무관심하거나 어느 정도 자유주의적인 시각을 지녔으며, 지배적인 종교 교리들은 대개 완벽주의와 인간의 무오류성 개념에 반대하는 입장이었다. 그럼에도 산문문학이 민주주의와 자유로운 사색의 시대에 가장 높은 수준에 도달했다는 것은 보편적인 사실이다. 전체주의에서 새로운 점은 그 신조에 누구도 이의를 제기할 수 없을 뿐만 아니라 신조 자체가 불안정하다는 것이다. 저주스러운 고통을 감수하며 전체주의의 신조를 받들어야 하지만, 한편으로는 그 신조란 것이 언제든 한순간에 바뀌어버리기 십상이다. 예를 들어 영국과 독일 간의 전쟁에 대해 영국 공산주의자나 '동조자'가 취해야 했던 서로 완전히 상반된 그 다양한 태도를 생각해보자. 1939년 9월 이전의 수년 동안, 그들은 '나치즘의 공포'에 쉼 없이 마음 졸이며 자신이 쓰는 모든 글을 히틀러에 대한 맹렬한 비난이 되도록 비틀어야 했다. 그러다 1939년 9월 이후 20개월 동안은 독일을 상대로 저지른 죄가 독일이 지은

죄보다 더 크다고 믿어야 했고, 적어도 인쇄물에서는 '나치'란 단어를 자신의 어휘 목록에서 즉각 삭제해야 했다. 그러다 1941년 6월 22일 아침 8시 뉴스 속보를 듣자마자, 그들은 다시 나치즘이 역사상 가장 극악무도한 패악이라고 믿기 시작해야 했다. 정치인이 그렇게 태도를 바꾸기는 쉽다. 하지만 작가의 경우는 이야기가 다르다. 작가가 때맞춰 충성의 대상을 바꾸려면, 자신의 주관적 감정을 속이거나 아예 억눌러야만 한다. 그 어느 경우든 그 결과 작가로서의 창조적 동력은 말살되고 만다. 아이디어가 떠오르지 않을 뿐만 아니라 사용하는 단어들조차 자신의 손길에 딱딱하게 굳어버리는 것처럼 느껴질 것이다. 우리 시대의 정치적 글쓰기는 조립 완구의 부품들처럼 거의 전적으로 미리 만들어진 문구들로만 짜 맞춘 글을 만들어내는 일이다. 이는 자기 검열이 빚어내는 피할 수 없는 결과다. 솔직하고 거침없는 글을 쓰려면 두려움 없이 사유해야 하며, 두려움 없이 사유한다면 정치적인 정설을 따를 수 없다. 지배적인 정설이 오래전에 확립되어 그리 심각하게 받아들여지지 않던 '신앙의 시대'라면 달랐을지도 모른다. 그런 시대에는 개인 정신의 많은 영역이 그가 공식적으로 믿는 신앙에 영향받지 않고 남아 있는 게 가능했을 것이다. 그렇다 하더라도 유럽이 누렸던 유일한 신앙의 시대에 산문문학이 거의 사라졌다는 점은 주목할 가치가 있다. 중세 시대를 통틀어 창의적인 산문문학은 거의 전무했고, 역사 기술 방식으로서의 산문문학도 거의 없었다. 사회의 지적 주도층은 1000년 동안 거의 변하지 않은 죽은 언어로 자신들의 가장 중대한 사상을 표현했다.

하지만 전체주의는 신앙의 시대보다는 정신분열의 시대를 약속한다. 그 사회구조가 노골적으로 작위적인 것이 될 때, 다시 말해 지배계급이 제 기능은 상실한 채 무력이나 사기로 권력을 고수하는 데 성공할 때 그 사회는 전체주의화된다. 그런 사회는 아무리 오래 지속된다 하더라도 결코 관용적이 되거나 지적 안정성을 갖출 수 없다. 문학 창작에 필수적인 사실에 대한 참된 기록이나 정서적 진실도 허용하지 않는다. 하지만 전체주의에 의한 타락이 전체주의국가 내에서만 한정되어 이루어지는 것은 아니다. 특정 생각이 만연하는 것만으로도 일종의 독이 퍼져나가, 문학이 다룰 수 없는 주제들이 잇달아 생겨나게 된다. 하나의 강요된 정설이 있는 곳은, 흔히 그러듯 두 가지 정설이 강요되어도, 그 어디서든 좋은 글이 나오는 것이 불가능해진다. 이는 스페인 내란에서 뚜렷이 입증되었다. 많은 영국 지식인에게 그 전쟁은 매우 감동적인 경험이었지만, 그들은 그 경험을 진실하게 표현할 수 없었다. 그들에겐 오직 두 가지 입장만이 허용되었는데, 둘 다 속이 빤히 들여다보이는 거짓이었다. 그 결과 스페인 내란에 관한 글이 산더미처럼 쏟아져 나왔지만, 읽을 만한 건 거의 없었다.

전체주의가 운문에도 신문만큼 치명적인 영향을 끼치는지

는 확실치 않다. 전체주의 사회에서 왜 시인이 산문작가보다는 그나마 견딜 만한지에는 몇 가지 이유가 있다. 우선 관료를 비롯한 '실용적인' 사람들은 대개 시인을 워낙 경멸하기에 시인의 말에 그다지 관심을 두지 않는다. 둘째, 시인이 말하는 것, 즉 시를 산문으로 옮겼을 때 시의 의미라는 것은 시인 자신에게조차 상대적으로 덜 중요하다. 시 한 편에 담긴 생각은 언제나 단순하며, 그림에 담긴 일화가 그림의 주된 목적이 아니듯, 시에 담긴 생각이 시의 주된 목적은 아니다. 그림이 붓질의 배열이듯이 시는 소리와 연상의 배열이다. 사실 시는 노래의 후렴구가 그러듯 짧은 몇 구절에서는 의미를 아예 지워버릴 수도 있다. 그렇기에 시인이 위험한 주제를 멀리하며 이단적인 발언을 피하기가 비교적 쉽다. 설령 이단적인 발언을 하더라도 눈에 잘 띄지 않게 할 수 있다. 하지만 무엇보다도 좋은 시는 좋은 산문과 달리 반드시 개인 혼자서 창작해야 하는 것이 아니다. 발라드나 아주 인위적인 운문 형식을 띤 특정 유형의 시들은 여러 사람이 협력해 창작할 수 있다. 고대 잉글랜드와 스코틀랜드의 발라드가 본래 개인의 작품인지 아니면 민중의 창작물인지에 대해서는 논란이 있다. 그러나 어쨌든 입에서 입으로 전해지며 끊임없이 변해왔다는 점에서 개인만의 창작물은 아니라고 할 수 있다. 심지어 활자화된 발라드조차 판본마다 완전히 똑같지는 않다. 실제로 많은 원시 부족은 공동으로 운문을 짓는다. 누군가 악기를 들고

즉흥적으로 노래를 지어내기 시작하다 막히면 다른 누가 한 소절 노랫가락을 보태는 식으로 한 곡의 노래나 발라드가 만들어지기에 딱히 작자가 누구라 할 수 없게 되는 것이다.

산문에서는 이런 밀접한 협업이 거의 불가능하다. 심각한 산문은 어쨌든 고독 속에서 쓰여야 하는 반면, 무리의 일원이 된다는 희열이 실제로 운문 작업에서는 도움이 되기도 한다. 운문은, 비록 최고는 아닐지라도 그 나름의 좋은 운문은 가장 혹독한 심문 체제에서도 살아남을지 모른다. 자유와 개성이 소멸되어버린 사회에서조차 애국적인 노래들과 승리를 기념하는 영웅적인 발라드, 또는 공들여 표현한 아첨에 대한 필요는 여전히 존재할 것이다. 이런 유의 시들은 예술적 가치가 떨어지지 않으면서도 주문에 맞게 쓰거나 공동으로 창작할 수 있다. 산문의 경우는 다르다. 산문작가는 자신의 창의성을 죽이지 않고서는 사고의 범위를 좁힐 수 없다. 하지만 전체주의 사회 또는 전체주의적 견해를 채택한 집단의 역사를 들여다보면 자유의 상실이 거의 모든 형태의 문학에 악영향을 미쳤음을 알 수 있다. 히틀러 체제 동안 독일 문학은 거의 소멸했고 이탈리아의 사정도 마찬가지다. 러시아 문학은 번역본으로 판단하건대 일부 운문이 산문보다 나아 보이긴 하지만, 혁명 초기 이후 현저히 퇴보했다. 지난 15년 동안 진지하게 받아들일 만한 러시아 소설은 거의 한 권도 번역된 게 없다. 서유럽과 미국에서는 문단 지식인의 상당수가 공산당을 거쳤거나 열렬히 지지했지만, 이런 좌파 운동 전체를 통틀어 읽을 만한 책이라곤 거의 나오지 않았다. 정통 가톨릭 역시 특정 문학 형식, 특히 소설에 치명적인 영향을 끼쳤던 것으로 보인다. 그 300년 동안 훌륭한 가톨릭 신자이자 훌륭한 소설가였던 이가 몇이나 되는가? 사실 언어로 찬양할 수 없는 주제가 있는데, 압제가 그중 하나다. 그렇기에 그 누구도 종교재판을 예찬하는 훌륭한 책을 쓰지 못했다. 시는 전체주의 시대에도 살아남을 수 있을지 모른다. 특정 예술 또는 건축과 같은 반(半)예술은 압제의 이점을 누릴 수도 있다. 하지만 산문작가는 침묵 아니면 죽음을 선택할 수밖에 없다. 우리가 익히 알다시피 산문문학은 합리주의의 산물이자 프로테스탄트 시대의 산물이며, 자율적인 개인의 산물이다. 따라서 지적 자유의 파괴는 저널리스트, 사회학자, 역사가, 소설가, 비평가, 시인을 순서대로 무력화시킨다. 미래에는 개인의 감정이나 사실적인 관찰과 관계없는 새로운 형태의 문학이 등장할 수도 있겠지만, 현재로서는 그런 문학을 상상하기 어렵다. 르네상스 이후 우리가 누려온 자유주의 문화가 종식되면, 문학예술도 함께 소멸될 가능성이 훨씬 높다.

물론 인쇄물은 계속 사용될 텐데, 엄격한 전체주의 사회에서 어떤 종류의 읽을거리가 살아남을지 추측해보는 것도 흥미로울 것이다. 짐작건대 신문은 텔레비전 기술이 더 높은 수준에 다다를 때까진 지속되겠지만, 산업화된 나라에서 대중

다수가 신문 외에 어떤 유의 문학을 필요로 할지는 지금도 의문스럽다. 아무튼 그들은 다른 여러 오락거리에 비해 읽을거리에는 돈 쓰기를 꺼린다. 아마도 장편소설과 단편소설은 영화와 라디오에 완전히 자리를 빼앗길 것이다. 아니면 인간의 자주성이 최소화된 일종의 벨트 컨베이어식 공정을 통해 생산된 저급하고 선정적인 소설이 살아남을지도 모른다.

아마도 기계화된 책 쓰기는 인간의 창의력을 넘어서지는 못할 것이다. 하지만 영화와 라디오, 광고와 선전, 하류 저널리즘에서는 이미 일종의 기계화 과정이 진행되고 있다. 예를 들어 디즈니 영화는 사실상 공장식 공정을 통해 제작되며, 그 작업의 일부는 기계적으로, 일부는 자기만의 스타일을 억제해야 하는 예술가 집단에 의해 이뤄진다. 라디오 특집물은 주로 피곤에 지친 글쟁이들이 쓰는데, 그나마도 주제와 처리 방식이 사전에 지시된다. 심지어 그들이 쓰는 것은 일종의 원재료에 불과하며, 제작자와 검열관이 여기저기 잘라내 모양을 만든다. 정부 각 부처에서 의뢰하는 무수한 책과 소책자도 마찬가지다. 싸구려 잡지에 실리는 단편소설, 연재물, 시는 이보다 훨씬 더 기계적으로 제작된다. 《라이터》 같은 신문에는 문예 학교 광고들이 넘쳐나는데, 하나같이 한 번에 몇 실링만 내면 이미 짜놓은 플롯을 가르쳐준다는 것이다. 일부 학교에서는 플롯 말고도 각 장의 첫 문장과 마지막 문장을 제공한다고 한다. 스스로 플롯을 짤 수 있도록 일종의 공식을 알려주겠다는 곳도 있다. 그런가 하면 인물과 상황이 표시된 카드를 몇 벌 제공해 그 카드들을 뒤섞어 조합하기만 하면 저절로 기발한 이야기가 만들어진다고 하는 곳도 있다. 전체주의 사회에서 그래도 문학이 필요하다고 여겨진다면 아마도 이런 식으로 만들어질 것이다. 상상력, 심지어 의식까지도 글쓰기 과정에서 제거될 것이다. 관료들에 의해 대략적인 윤곽이 기획되고, 수많은 손을 거쳐 완성된 책은 조립 라인을 거친 끝에 찍어낸 포드 자동차와 다를 바 없이 더는 한 개인의 작품이랄 수 없을 테다. 그렇게 제작된 것은 말할 것도 없이 모두 쓰레기일 것이다. 하지만 쓰레기가 아닌 게 있다면 국가 구조를 위협하게 될 것이다. 살아남은 과거의 문학작품들은 금서 조치되거나, 적어도 정교하게 다시 쓰여야 할 것이다.

그런 한편, 전체주의는 그 어디서도 완전한 승리를 거두지 못했다. 우리 사회는 여전히, 대체로 말해, 자유주의적이다. 언론의 자유라는 권리를 행사하려면 경제적 압박과 강경한 여론에 맞서 싸워야 하지만, 그래도 아직은 비밀경찰에 대항해야 하는 것은 아니다. 은밀하게 할 의향이라면 거의 뭐든지 말하거나 출판할 수 있다. 하지만 이 글의 서두에서 말했듯, 정말 불길한 것은 자유를 가장 소중히 여겨야 할 이들이 이를 다 알면서도 오히려 의식적으로 자유를 적대한다는 점이다. 대중은 이 문제에 이러나저러나 별 관심이 없다. 대중은 이단을 박해하거나, 이단을 옹호하려 나서지도 않을 것이다. 대중은 전체주의적 관점을 취하기엔 너무 양식이 있으면서도 동시에 너무 우매하다. 지적 양심에 대한 직접적이고 의식적인 공격은 다름 아닌 지식인들 스스로에게서 나온다.

친러파 지식인들이 그런 특정 신화에 굴복하지 않았다면, 그와 비슷한 종류의 또 다른 신화에 넘어갔을 가능성이 있다. 그러나 어쨌든 러시아 신화는 존재하며, 그것이 야기하는 부패는 악취를 풍긴다. 고도로 교육받은 이들이 억압과 박해를 냉담하게 방관하는 것을 보면, 그들의 냉소주의와 단견 중 어느 것을 더 경멸해야 할지 의문이 든다. 예를 들어 많은 과학자가 소련을 무비판적으로 추종하고 있다. 그들은 당장 자신의 연구 분야가 영향받지 않는 한 자유의 파괴는 중요하지 않다고 생각하는 것 같다. 소련은 빠르게 발전 중인 대국이라 과학 인력이 절실히 필요하기에 그들을 후하게 대우한다. 심리학과 같은 위험한 분야를 가까이하지 않는 한 과학자들은 특권을 누린다. 반면 작가는 잔혹한 박해를 당한다. 일리야 예렌부르크나 알렉세이 톨스토이와 같은 지조를 파는 작가들은 막대한 돈을 받는 게 사실이지만, 작가에게 유일하게 가치 있는 것, 즉 표현의 자유는 박탈당하고 만다. 러시아에서 과학자가 누리는 기회에 대해 열렬히 이야기하는 영국 과학자 중 적어도 일부는 이런 상황을 이해하고 있을 것이다. 그럼에도 그들의 반응은 이런 식이다. "러시아에서 작가들이 박해를 당하고 있다고요. 그런데 어쩌라는 거죠? 난 작가가 아니에요." 그들은 지적 자유와 객관적 사실이라는 개념에 대한 공격이 결국에는 사고의 모든 영역을 위협한다는 걸 간과한다.

현재 전체주의국가는 과학자가 필요하기에 그들에게 관대하다. 심지어 나치 독일에서도 유대인이 아닌 이상 과학자들은 비교적 좋은 대우를 받았고, 독일 과학계 전체는 히틀러에게 어떤 저항도 하지 않았다. 역사의 현 상황에서는 가장 독재적인 통치자조차 물리적 현실을 고려하지 않을 수 없다. 이는 한편으로는 자유주의적 사고방식이 남아 있기 때문이고, 한편으로는 전쟁을 준비할 필요성이 있기 때문이다. 물리적 현실을 완전히 무시할 수 없는 한, 예를 들어 비행기 설계도를 그릴 때 2 더하기 2는 4가 되어야 하는 한 과학자는 자신의 역할을 수행할 일이 있고, 심지어 어느 정도의 자유를 허용받을 수도 있다. 과학자는 전체주의국가가 확고히 확립될 때에야 비로소 각성하게 될 것이다. 그사이 과학의 정직성을 지키고자 한다면, 그가 할 일은 문학 동료들과 모종의 연대를 형성하고 작가들이 침묵당하거나 자살로 내몰리고 신문이 조직적으로 날조될 때 무관심하게 외면하지 않는 것이다.

그러나 자연과학이나 음악, 회화와 건축은 어떨지 몰라도, 사상의 자유가 사라지면 문학은 반드시 파멸에 이른다는 것을 나는 이제껏 밝히고자 애썼다. 전체주의 체제를 유지하는 모든 국가에서 문학이 파멸될 뿐만 아니라, 전체주의적 관점을 받아들이고 박해와 현실 날조에 대해 변명을 늘어놓는 작가는 그 누구라도 작가로서의 자기 자신을 파괴하게 된다. 여기서 벗어날 방도는 없다. '개인주의'와 '상아탑'을 비난하는 어떤 장황한 열변도, '진정한 개성은 공동체와의 동일시를 통해서만 획득된다'는 경건한 체하는 어떤 상투적인 주장도 매수된 정신은 망가진 정신이라는 사실을 결코 떨쳐낼 수 없다. 어느 시점에서든 자발성을 발휘하지 않는 한 문학 창작은 불가능하다. 언어 자체가 지금과는 완전히 다른 무엇이 된다면, 우리는 문학 창작과 지적 정직성을 분리하는 법을 배우게 될지 모른다. 그러나 현재로서 우리가 아는 것은, 상상력이란 야생동물과 같아서 감금된 상태에서는 번식하지 않는다는 점이다. 그런 사실을 부정하는 작가나 저널리스트는(현재 소비에트 연방에 대한 거의 모든 찬양은 그런 부정을 포함하거나 암시한다) 사실상 자기 파멸을 자초하고 있다.

(1946년)

시와 마이크

1년 전쯤 나는 여러 사람과 함께 문학 프로그램을 인도로 방송하는 일을 했다. 특히 현대 및 근현대 영국 작가들의 시를 많이 방송했는데, 예를 들자면 엘리엇, 허버트 리드, 오든,● 스펜더, 딜런 토머스, 헨리 트리스,●● 앨릭스 컴퍼트, 로버트 브리지스, 에드먼드 블런던, D. H. 로런스 같은 작가들의 작품이었다. 또한 가능할 때마다 그 시를 쓴 시인을 방송에 참여시켜 시가 직접 전달되게 했다. 왜 이런 특정한 프로그램(사소하고 외떨어졌으나 라디오 전쟁●●●에서 허를 찌르는 하나의

● 영국 태생의 미국 시인인 위스턴 오든(1907~1973).
●● 영국의 교사, 시인, 소설가인 헨리 트리스(1911~1966). '묵시록파'의 주요 인물이다.
●●● 제2차 세계대전 중 각국이 라디오 방송을 통해 벌인 선전 경쟁.

작전)이 만들어졌는지 여기서 설명할 필요는 없지만, 우리가 인도의 특정 청취자들을 대상으로 방송한다는 사실이 이 프로그램 제작 테크닉을 어느 정도 좌우했다는 점을 덧붙여야겠다. 핵심은 우리의 문학 방송이 인도의 대학생들, 즉 영국의 그 어떤 선전 활동으로도 접근할 수 없는 그 소수의 적대적인 청취자들을 대상으로 한다는 점이었다. 기껏해야 수천 명 이상의 청취자를 기대할 수 없다는 걸 미리 알고 있었기에, 그것이 일반적인 방송에서 가능한 것보다 더 '고상'해도 되는 핑계가 되어주었다.

해당 언어를 알지만 문화적 배경이 다른 사람들에게 시를 방송할 경우, 해설과 설명이 어느 정도는 불가피하기에, 월간 문예지를 표방하는 방송을 하는 것이 우리가 주로 따랐던 방식이었다. 편집진이 회의실에 앉아 다음 호에 뭘 실을지 논의하는 형식을 가져왔다. 누가 어떤 시를 제안하면, 다른 누가는 다른 시를 제안하고, 짧은 논의 후, 그렇게 고른 시를 다른 목소리가, 가급적이면 그 시의 작가가 직접 낭독하는 방식이었다. 이 시는 자연스레 다른 시를 불러왔고, 그렇게 프로그램이 이어졌는데, 대개 두 편의 시 사이에 최소 삼십 초 이상의 해설이 있었다. 삼십 분 분량의 프로그램에는 여섯 사람의 목소리가 가장 적당해 보였다. 이런 형식의 프로그램은 다소 엉성할 수밖에 없었지만, 하나의 핵심 주제를 중심으로 진행함으로써 어느 정도 통일성을 갖출 수 있었다. 일례로 이 가상 잡지의 한 호에서는 전쟁이라는 주제에 초점을 맞추었었다. 이 호에는 에드먼드 블런던의 시 두 편, 오든의 〈1941년 9월〉, G. S. 프레이저의 장시(〈앤 리들러에게 보내는 편지〉) 일부, 바이런의 〈그리스의 섬들〉, 그리고 T. E. 로런스●의 《사막의 반란》 일부가 담겼다. 이 여섯 작품과 그 앞뒤의 논의는 전쟁에 대한 가능한 견해들을 그런대로 잘 다루었다. 시와 산문 발췌에는 이십 분 정도, 논의에는 팔 분 정도의 방송 시간을 썼다.

이런 형식은 약간 우스꽝스럽고 다소 거들먹거리는 듯 보일 수도 있지만, 비공식적인 토론의 형태를 띠면, 진지하고 때로는 '난해한' 운문을 방송할 때 피할 수 없는 순수한 교육적 요소, 즉 교과서 같은 느낌이 크게 완화된다는 장점이 있다. 여러 발언자가 표면적으로는 서로에게 말하면서도 이를 통해 실은 청취자에게 말할 수 있게 된다. 또한 이런 접근 방식을 통해 적어도 시에 맥락을 제공할 수 있는데, 일반인의 관점에서 볼 때 시에서 부족하다고 느끼는 것이 바로 맥락이다. 물론 다른 방법도 있다. 우리가 즐겨 활용했던 방법 하나는 음악에 시를 띄우는 것이었다. 잠시 후에 이러이러한 시를

● 영국의 육군 장교이자 고고학자인 토머스 로런스(1888~1935). 그의 삶을 바탕으로 한 영화 〈아라비아의 로런스〉로 더 잘 알려져 있다. 《사막의 반란》은 대표작인 《지혜의 일곱 기둥》의 축약본으로, 오스만 제국에 대항해 일어난 아랍 반란 당시 연락장교로 복무한 자신의 경험을 기록한 것이다.

방송할 것이라고 안내한 다음, 음악이 일 분 정도 흐르다가, 음악이 점점 작아지며 제목이나 안내 멘트 없이 시를 낭독한다. 그리고 다시 음악이 점점 커지며, 일이 분 정도 계속 음악이 이어지는, 전체적으로는 오 분 정도 걸리는 방식이다. 어울리는 음악을 고르는 게 중요하지만, 음악을 이용하는 진정한 목적은 말할 것도 없이 프로그램의 다른 부분과 시를 분리시키는 것이다. 이런 식으로 하면, 말하자면 삼 분짜리 뉴스 단신 속에 셰익스피어의 소네트 한 편을 끼워 넣으면서도 어쨌든 내 귀에는 크게 거슬리지 않게 들을 수 있다.

지금까지 내가 이야기한 이 프로그램들은 그 자체로 별다른 가치가 있는 것은 아니었다. 하지만 구태여 언급한 까닭은 시를 대중화하는 수단으로써 라디오의 가능성에 대해 나 자신과 몇몇 사람에게 아이디어를 유발했기 때문이다. 일찍이 나는 시를 쓴 사람이 직접 시를 방송하는 것이 그저 청취자에게만 영향력을 미치는 것이 아니라 시인 자신에게도 변화를 끌어낸다는 사실에 매료되었다. 영국에서는 시를 방송하려는 시도가 거의 전무했고, 시를 쓰는 많은 사람이 시를 크게 소리 내 읽는다는 생각조차 해본 적이 없다는 점을 기억할 필요가 있다. 마이크 앞에 앉음으로써, 특히 이 일이 정기적으로 이루어진다면, 시인은 자기 작품과 우리 시대와 우리나라에서는 불가능했던 새로운 관계를 맺게 된다. 근현대에, 즉 지난 200년 동안, 시가 음악이나 구어와의 연관성을 점점 더 잃게 되었다는 것은 일반적인 사실이다. 이제 시는 존재라도 하기 위해 인쇄를 필요로 하며, 시인이 노래나 낭송을 할 줄 알 거라는 기대는 건축가가 천장에 회반죽을 바를 줄 알 거라는 기대보다도 적다. 서정적이고 수사적인 시는 거의 쓰이지 않게 되었고, 어느 고장이든 누구나 글을 읽을 수 있는 곳이라면 일반인들이 시에 거부감을 갖는 게 당연시되고 말았다. 그리고 그런 단절이 존재하는 곳에서는 그 간극이 항상 더 깊어지는 경향이 있으니, 시는 주로 인쇄된 형태로 여기고, 소수만이 이해할 수 있는 것이라는 시에 대한 관념이 모호함과 '교묘함'을 부추기기 때문이다. 한눈에 의미를 파악할 수 있는 시는 분명히 뭔가 문제가 있다고 반(半)본능적으로 느끼지 않는 사람이 얼마나 될까? 시를 크게 소리 내 읽는 것이 다시 보편화되지 않는 한 그런 경향은 절제되지 않을 것이며, 라디오를 매개체로 활용하지 않고서는 그런 일이 실현되기는 어려워 보인다. 그러나 여기서 라디오의 특별한 장점, 즉 적합한 청취자를 고를 수 있고, 무대 공포증과 당혹감을 해소할 수 있다는 점에 주목할 필요가 있다.

 방송에서 청취자는 어슴푸레 짐작될 뿐이지만, 동시에 '단 한 사람'이기도 하다. 수백만 명이 듣고 있을지 모르지만, 각자는 홀로 듣고 있거나, 작은 집단의 일원으로 듣고 있으며, 청취자 개개인은 방송이 자신에게 개인적으로 이야기하고 있다는 느낌을 갖는다(혹은 그래야 한다). 게다가 청취자가 당신의 방송에 공감하거나 최소한 관심을 갖고 있다고 가정해도 무리는 아닌 것이, 따분하다고 느끼는 청취자는 즉시 간단히 다른 채널로 돌려버릴 수 있기 때문이다. 하지만 청취자는 공감을 하더라도 방송하는 사람에게 직접적인 영향력을 행사할 수는 없다. 방송이 연설이나 강연과 다른 점이 바로 이것이다. 대중 연설에 익숙한 사람이라면 누구나 알듯, 연단에서 청중의 분위기를 따르지 않기란 거의 불가능하다. 청중이 무엇에 반응하고, 무엇에 반응하지 않을지는 항상 단 몇 분 안에 분명해지며, 실제로 청중 중에서도 가장 우둔하다 싶은 사람을 고려해 연설을 조절하지 않을 수 없고, '매력적인 개성'이라 알려진 요란스러운 허세로 환심을 사려는 압박감에 사로잡히게 된다. 그렇게 하지 않으면 결국 몹시 싸늘하게 식어 당혹스러운 분위기가 만들어지기 마련이다. '시 낭독'이 몸서리나는 건, 관객 중에는 지루해하거나 노골적으로 적대적인 반응을 드러내면서도 채널을 돌리는 단순한 행위로 자리를 떠버릴 수 없는 사람들이 항상 섞여 있기 때문이다. 영국에서 제대로 된 셰익스피어의 공연이 불가능한 것도 본질적으로는 이와 똑같은 어려움 때문이다. 바로 극장의 관객은 선별된 사람들이 아니라는 사실이다. 방송에서는 그러한 제약이 존재하지 않는다. 방송에서 시인은 자신이 시를 아끼는 사람들에게 이야기하고 있다는 '느낌'을 받는다. 실제로 방송에 익숙해진 시인은 눈앞에 청중이 있을 때와는 견줄 수 없이 섬세한 기교를 담아 마이크에 대고 시를 읽어낸다. 여기서 개입되는 가상이라는 구성 요소는 별문제가 되지 않는다. 중요한 것은 현재 유일하게 가능한 이 방법을 통해, 시를 크게 소리 내 읽는 일이 당혹스럽지 않은 자연스러운 상황과, 사람과 사람 사이의 정상적인 교류처럼 여겨지는 상황에 시인이 놓이게 되었고, 그가 자신의 작품을 종이 위의 시각적 형태만이 아닌 귀로 듣는 '소리'로서도 생각하게 되었다는 것이다. 이런 식으로 시와 일반인 사이의 화해가 한 걸음 더 가까워지게 된다. 청자의 편에서는 어떻게 받아들이고 있든 간에 이미 시인의 편에서는 그런 화해가 이루어지고 있다.

그럼에도 상대편에서 무슨 일이 일어나는지를 무시할 수는 없다. 내가 시를 쓰고, 감상하고, 나누는 모든 양상이 당혹스럽고 거의 외설적인 무엇이며, 시를 대중화하는 게 마치 아이에게 억지로 약을 먹이거나 박해받는 종파에 대한 관용을 얻어내려는 일처럼 본질적으로 전략적인 술책이라고 말하는 듯한 인상을 줬을 것 같다. 하지만 유감스럽게도 그런 부분이 있는 게 사실이다. 우리 문명에서 시는 예술 가운데 단연코 가장 신뢰받지 못하는 예술이며, 기실 일반인이 좀처럼 가치를 알아보지 못하는 유일한 예술이라는 데는 의심의 여지가 없다. 영어권 나라에서 '시'라는 단어는 소방 호스보다도 더 빨리 군중을 해산시킬 수 있다는 아널드 베넷의 말은 결코 과장이 아니었다. 그리고 앞서 언급했듯이, 이런 유의 간극은 존재한다는 이유만으로 더욱 벌어지는 경향이 있다. 일반인은 점점 더 시에 반감을 품게 되고 시인은 점점 더 오만하고 이해할 수 없는 존재가 되어, 종국에는 시와 대중문화 사이의 단절이 일종의 자연의 법칙으로 받아들여지게 되는 것이다. 사실 이것은 우리 시대에만, 그것도 지구에서 비교적 작은 지역에만 해당되는 현상이지만 말이다. 우리는 고도로 문명화된 국가의 평균적인 인간이 가장 낮은 단계의 문명 발달을 이룬 집단보다 미적으로 열등한 시대에 살고 있다. 이러한 상황은 일반적으로 '의식적인' 노력으로는 개선하기 어려워 보이는데, 다른 한편으로는 사회가 좀 더 조화로워지면 이내 저절로 바로잡힐 것으로 기대된다. 약간의 차이는 있겠지만, 마르크스주의자도, 무정부주의자도, 종교가 있는 사람도 모두 같은 말을 할 텐데, 큰 틀에서 보자면, 그것은 두말없는 사실이다. 오늘날 우리가 겪고 있는 이 추함은 정신적, 경제적 원인에 뿌리를 두고 있으며, 단순히 어느 시점부터 전통에서 벗어난 결과만은 아니다. 그렇다고 현재의 틀 내에서 어떠한 개선도 불가능하다거나, 미적인 개선이 사회 전반을 구원하는 데 필수적인 부분이 아니라는 것도 아니다. 그러니, 이제라도 가장 미움받는 예술이라는 특별한 처지에서 시를 구해내 적어도 음악에 적용하는 정도의 관용이라도 얻게 할 수는 없을지 고민해볼 가치가 있다. 그러자면 먼저 시가 어떤 점에서, 어느 정도로 인기가 없는지부터 물어야 한다.

언뜻 보기에, 시의 인기가 없다는 건 더없이 빈틈없어 보이는 사실이다. 하지만 다시 생각해보면, 이 말은 좀 특수하게 한정되어야 한다. 우선 여전히 모든 사람이 알고 인용하며 모든 사람의 마음의 배경을 이루는 상당한 양의 민속 시가(동요 등)가 존재한다. 또한 계속해서 사랑받는 옛 노래와 서정 가요도 몇 개 있다. 게다가 일반적으로 애국적이거나 감상적인 유의 '좋지는 않은 좋은' 시가 인기 있거나 관대하게 받아들여지기도 한다. '좋지는 않은 좋은' 시가 표면상으로 일반인들이 진정한 시를 싫어하게 만드는 특징을 전부 가지고 있는 게 아니라면, 이 말은 논점에서 벗어난 것처럼 보일 수 있다. 그런 시 역시 운문으로, 운율이 있고, 고아한 정서와 특이한 언어를 담고 있으며, 게다가 이 모든 것이 매우 두드러지게 나타나는데, 나쁜 시가 좋은 시보다 더 '시적'이라는 건 거의 사실이다. 그럼에도 그런 시는 특별히 사랑받는 건 아니더라도 적어도 용인된다. 그 예를 하나 들자면, 이 글을 쓰기 직전에 나는 BBC 9시 뉴스 전에 늘 하는 두 코미디언의 방송을 듣고 있었다. 마지막 삼 분을 남겨두고 그중 한 명이 갑자기 '잠시 좀 진지해지고 싶다'더니 국왕 폐하를 찬양하는 〈훌륭한 영국 노신사〉란 순 엉터리 애국 시를 낭송하는 것이었다. 자, 이렇게 난데없이 최악의 영웅시를 듣게 된 청취자들의 반응은 어떨까? 아주 격렬하게 부정적인 반응은 아닐 것이, 그렇다면 즉각 그런 짓을 중단하라는 분개에 찬 편지들이 BBC

에 쏟아질 것이니 말이다. 그러니 다수 대중이 '시'에 비우호적일지언정, '운문' 자체에는 크게 적대적이지 않다는 결론에 이르게 된다. 어쨌든 운율 그 자체를 싫어했다면 어떤 노래나 음탕한 '5행 익살 시'도 인기를 끌지 못했을 것이다. 사람들이 시에 반감을 갖는 것은 시가 난해함, 지적 허세, 그리고 바쁜데 한가한 소리나 하고 있다는 느낌과 관련이 있기 때문이다. 단순히 '시'라는 단어만으로도 '하느님'이나 '개 목걸이처럼 숨 막히는 성직자의 목깃' 같은 단어를 들을 때처럼 불편한 인상을 불러오는 것이다. 시를 대중화한다는 것은 어느 정도는 이미 굳어진 거부반응을 깨뜨리는 일이다. 기계적인 야유를 내뱉는 대신 귀를 기울이게 하는 문제다. 내가 방금 들었던 순 엉터리 애국 시가 아마 그랬을 것처럼, 좋은 시를 다수 대중에게 '정상적'으로 느껴지도록 소개할 수 있다면, 시에 대한 편견의 일부라도 극복될 수 있을 것이다.

내 생각에 시를 다시 대중화하는 일은 대중의 취향을 의도적으로 길러내려는 노력 없이는 어렵다. 이를 위해선 전략, 어쩌면 일종의 속임수까지 필요할지도 모른다. T. S. 엘리엇은 한때 시, 특히 극시가 뮤직홀이라는 매개체를 통해 대중의 의식 속에 되살아날 수 있다고 보았는데, 아마도 이제껏 그 방대한 가능성이 제대로 탐구되지 않은 팬터마임이라는 매개체를 추가하고 싶었을지도 모른다. 〈투사 스위니〉•는 아마도 그런 생각을 염두에 두고 쓰였을 것이며, 실제로 짤막

한 뮤직홀용 공연거리나 레뷰의 한 장으로 상상해볼 수 있겠다. 나는 라디오를 보다 희망적인 매체로 제시하고, 특히 시인의 관점에서 라디오의 기술적 장점을 짚어보았다. 이런 제안이 언뜻 가망 없이 들리는 이유는 라디오가 헛소리를 퍼뜨리는 것 외에는 다른 것을 전파하는 데 쓰일 수 있다고 상상하는 이가 거의 없기 때문이다. 사람들은 온 세상 곳곳의 확성기에서 말 그대로 줄줄 쏟아지는 헛소리들을 듣고 있으며, 라디오는 다른 무엇도 아닌 오직 그런 것만 들려주는 존재라고 결론짓는다. 과연 '라디오'라는 단어만 들어도, 격정적으로 고함치는 독재자들이나 아군 비행기 세 대가 귀환하지 못했음을 알리는 묵직하고 점잔 빼는 목소리가 떠오른다. 라디오로 듣게 되는 시는 줄무늬 군복 바지를 입은 뮤즈 여신처럼 들린다. 하지만 그렇더라도 한 매체의 가능성과 실제 쓰임을 혼동해서는 안 된다. 방송이 현재 그런 상태인 것은 마이크와 송신기라는 장치 자체가 본질적으로 저속하고, 어리석으며, 부정직해서가 아니라 현재 전 세계에서 이루어지는 모든 방송이 현상 유지를 적극적으로 원하는 정부와 거대 독점 회사의 통제하에 있기 때문이며, 따라서 일반인이 너무 똑똑

● T. S. 엘리엇(1888~1965)의 미완성 운문극. 현대인의 소외와 불안을 표상하는 '스위니'라는 인물이 등장한다. 대중적인 연극 형식과 현대적인 시적 기법을 결합하려는 시도를 파편적인 대화와 재즈 리듬 속에 담아냈다.

해지는 것을 막는 데 총력을 기울이기 때문이다. 영화에도 그 비슷한 일이 있었는데, 영화 역시 라디오와 마찬가지로 자본주의의 독점 자본 형성기에 처음 나타났고, 엄청나게 고비용이 드는 매체다. 모든 예술에서 이와 유사한 경향이 나타난다. 예술 제작의 경로가 점점 더 관료의 통제 아래 놓이고 있는데, 관료의 목표란 예술가를 망가뜨리거나 최소한 거세라도 시키는 것이다. 이것은 암울하기만 한 전망일 것이다. 그럼에도 전 세계 모든 국가에서 지금도 진행 중이며, 앞으로도 계속될 게 분명한 전체주의화는 고작 5년 전만 해도 예견하기 힘들었던 또 다른 흐름 덕분에 완화되고 있다.

말하자면, 우리 모두가 속한 이 거대한 관료 체제라는 기계 장치가 순전히 끊임없이 몸집을 불리며 확장하기 때문에 삐걱거리며 돌아가기 시작했다는 것이다. 현대 국가는 지식인의 자유를 말살하려는 경향이 있지만, 동시에 모든 국가는, 특히 전쟁의 압박을 받을 때는, 국가 선전을 맡아줄 지식인을 점점 더 필요로 하게 된다. 예컨대 현대 국가는 심리학자, 사회학자, 생화학자, 수학자 등은 말할 것도 없고 팸플릿 작가, 포스터 화가, 삽화가, 방송인, 강연자, 영화제작자, 배우, 작곡가, 심지어 화가와 조각가까지 필요로 한다. 영국 정부는 문단의 지식인들을 배제할 의사를 어느 정도 공공연하게 밝히며 이 전쟁을 시작했음에도, 전쟁 3년 만에 거의 모든 작가를, 작가의 정치적 이력이나 견해가 아무리 탐탁지 않더라도 정부 여러 부처나 BBC로 빨아들이듯 투입했고, 심지어 입대한 작가들조차 얼마 지나지 않아 선전 업무나 본질적으로 문필 업무를 맡게 된다. 정부가 마지못해 그런 작가들을 끌어들인 것은, 그들 없이는 감당할 수 없다는 걸 알게 되었기 때문이다. 정부의 관점에서 이상적인 건, 모든 홍보를 A. P. 허버트나 이안 헤이 같은 '안전한' 사람들 손에 맡기는 것인데, 그런 이들이 충분하지 않았기에 기존의 지식인들을 활용해야 했고, 그에 따라 정부 선전물의 어조나 내용까지도 어느 정도 변형될 수밖에 없었다. 지난 2년 동안 피점령국에 유포된 정부 팸플릿이나 육군 정훈 공보실의 강연, 그리고 다큐멘터리 영화와 방송을 접해본 사람이라면 우리의 통치자들이 선택의 여지가 있어 이런 유의 변화를 지원했을 거라고 생각할 이는 아무도 없다. 단지 정부라는 기계가 더 비대해질수록 그 안에는 허술한 빈틈과 잊어버리는 구석들이 생겨나기 마련이다. 이 점은 어쩌면 작은 위안일지도 모르지만 결코 하찮은 것은 아니다. 이는 자유주의적 전통이 강했던 나라에서는 관료주의적 압제가 절대로 완벽해질 수 없음을 뜻하기 때문이다. 줄무늬 군복 바지를 입은 자들이 통치는 할 테지만, 통치자들이 지식인들을 동원할 수밖에 없는 이상, 지식인들은 어느 정도의 자율성을 확보할 것이다. 예컨대 정부는 다큐멘터리 영화가 필요하면 특별히 영화제작 기술자를 고용해야 하고, 그들에게 필요한 최소한의 자유를 허용해야 하며, 그 결과 정부의 관점에선 완전히 잘못된 영화가 나올 가능성이 있는 것이다. 이는 복잡한 현대 국가가 필요로 하는 그림이나 사진, 대본, 르포, 강연 또 그 밖의 모든 예술 및 준예술의 경우에도 마찬가지다.

라디오에 적용해도 이런 경향은 뚜렷하다. 지금의 확성기는 창의적인 작가의 적이지만, 방송의 양과 범위가 증가할수록 반드시 그렇지만은 않을 수도 있다. 현재 BBC가 근근이 현대문학에 대한 관심을 이어가고는 있지만, 시 한 편을 방송할 단 오 분의 전파를 확보하기가 거짓 선전이나 녹음된 음악, 진부한 농담과 가짜 '토론' 따위를 퍼뜨리는 데 무려 열두 시간이나 확보하는 것보다도 훨씬 더 어렵다. 그러한 현 상황은 내가 앞서 지적한 바와 같이 바뀔 수 있다. 그런 때가 오면 현재 어떤 시도도 가로막는 온갖 적대적인 힘을 완전히 무시하며, 시를 방송하는 일과 관련된 진지한 실험들이 가능해질 것이다. 그런 실험들이 아주 대단한 결과를 가져올 거라고 단언하는 것은 아니다. 라디오는 시작부터 관료화되었기에 방송과 문학의 관계가 제대로 숙고된 적이 없다. 또한 마이크가 시를 일반인에게 다시 돌려줄 수단이 될 수 있는지도 확실치 않고, 시가 글보다는 말에 더 가까워짐으로써 시에 득이 될 것인지조차 확실치 않다. 하지만 나는 그런 가능성들이 존재한다고 믿으며, 문학을 아끼는 사람들이 그토록 멸시받는 이 라디오라는 매체에 다시금 마음을 돌려주기를 촉구한다. 조드* 교수와 괴벨스**의 음성에 가려져 선한 역량이 묻혀버렸을지도 모를 이 매체에 말이다.

(1943년)

---

* 영국의 철학 교수 C. E. M. 조드(1981~1953). BBC 라디오 프로그램 〈전문가 집단(The Brains Trust)〉의 고정 출연자로 큰 인기를 얻었다.
** 나치 독일의 선전 장관인 요제프 괴벨스(1897~1945). 히틀러의 심복으로, 라디오를 비롯한 대중매체를 이용한 선전 선동으로 악명이 높았다.

제3부
라디오 대본

〈보이스〉•

―제1화

오웰 잡지를 시작하기에 지금보다 더 나쁜 시기가 있을까요. 여기 앉아 예술과 문학 따위에 대해 다소 고상하게 얘기 나눌 지금 이 순간에도 수만 대의 탱크가 돈강 대초원••을 가로지르며 진격하고, 태평양 망망대해의 혼란스러운 전장에서는 파괴되어 뒤집힌 전함들 사이로 함대들이 서로를 찾아 헤매고 있을 텐데요. 우리가 여기 앉아 있는 지금도 순간순간 적어도 한 사람 이상이 처참하게 죽어가고 있을 겁니다. 말 그대로 폭탄과 총알로 세상의 운명이 판가름 나는 이런 시국

• BBC에서 일한 조지 오웰이 인도의 청취자를 대상으로 방송한 '라디오 시 매거진'으로, 총 6화 중 제5화를 제외한 대본이 현재까지 남아 있다. 원서에는 낭독하는 시들이 실려 있지 않지만, 이해를 돕기 위해 일부에는 시를 추가했다.

•• 러시아 남서부를 흐르는 돈강을 따라 펼쳐진 대초원으로, 제2차 세계대전 중 치열한 전투가 벌어졌다.

에 시를 중점으로 다루는 잡지를 창간한다는 건 꽤 경솔하게 보일 겁니다. 하지만 우리가 '보이스'라고 부르는 이 잡지는 그저 평범한 잡지가 아닙니다. 우선 이 잡지는 종이나 인쇄업자, 서점의 노동력을 전혀 소모하지 않는 방식으로 제작됩니다. 그저 약간의 전기와 예닐곱 명의 목소리만 있으면 되지요. 이 잡지는 구독자의 집 앞까지 배달될 필요도 없고, 돈을 지불할 필요도 없습니다. 낭비적인 형태의 오락거리라고는 할 수 없지요. 오히려 지금처럼 참혹한 시대일수록 문학이 잊혀서는 안 된다고 느끼는 사람들도 있습니다. 사실, 이처럼 전파로 말과 글을 내보내는 일은, 그것이 지닌 잠재력과 실제 쓰임새를 고려할 때 자못 진지하게 받아들여야 할 측면이 있습니다. 일부 과학자에 따르면, 라디오 전파 혹은 일부 전파는 지구를 도는 데 그치지 않고 빛의 속도로 우주 공간을 끝없이 나아간다고 합니다. 그렇다면 오늘 이 오후에 우리가 지금 방송에서 하는 말이 거의 100만 년 후 오리온 대성운●에서 들릴 수도 있겠네요. 만일 그곳에 지적 생명체가 존재한다면, 제임스 진스 경●●은 그럴 가망이 없다고 하지만, 혹시나 있을지도 모르죠. 그곳 지적 생명체에게 스윙 음악과 베를린

● 오리온자리에 있는 밝고 거대한 성운. 지구에서 약 1344광년 떨어져 있다.
●● 영국의 물리학자, 천문학자, 수학자인 제임스 진스(1877~1946). 우주와 천문학에 관한 대중적인 저술들이 있다.

에서 보내는 최신 거짓말 뭉치와 함께 20세기 시 몇 편쯤 들려주는 것도 그들에게 해를 끼치는 일은 아닐 겁니다. 그런데 전 지금 우리 잡지 출간에 대해 사과하고 있는 게 아니라 소개하고 있는 겁니다. 그러므로 다음 사항에 주목해주시길 바랍니다. 이 잡지는 매달 한 번 화요일에 방송될 것이며, 산문을 포함하되 현대 시를 전문으로 다룰 겁니다. 특히 지면 부족으로 어려움을 겪고 있으며, 응당 받아야 할 만큼 주목받지 못한 젊은 시인들의 작품을 싣는 데 각별한 노력을 기울일 거라는 점을 알아주셨으면 합니다.

〈보이스〉가 창간된 지 거의 삼 분 정도 됐군요. 이미 몇 명의 독자분이 생겼으면 좋겠습니다. 아니, 청취자분이라고 해야겠군요. 지금 계신 자리에서 눈앞에 이 잡지가 펼쳐지는 모습을 상상해보셨으면 좋겠네요. 고작 스무 쪽 남짓한 작은 작은 책자입니다. 이런 유형의 잡지에는 한 가지 장점이 있는데요, 바로 표지 디자인을 직접 고를 수 있다는 겁니다. 저는 밝은 하늘색이나 산뜻한 연회색 표지를 선호하지만, 여러분은 여러분 취향대로 골라보세요. 자, 첫 페이지를 펼쳐보시죠. 종이 질이 좋은 걸 눈치채셨을 겁니다. 네, 전쟁 전의 종이죠. 요즘 다른 잡지에서는 이런 종이를 볼 수 없죠. 그리고 넓은 여백이 눈에 띄네요. 다행히도 우리 잡지에는 광고를 싣지 않아서 첫 페이지에 바로 목차가 나옵니다. 자, 그럼 한번 목차를 볼까요?

2쪽. 지금 여러분이 듣고 계시는 편집장의 여는 글.

4쪽. 시인 본인의 낭독으로 듣는 허버트 리드의 시 〈모순적인 경험〉.

6쪽. 배우 비다 호프의 낭독으로 듣는 이네스 홀든●의 독백, 〈보잘것없는〉.

10쪽. 시인 윌리엄 엠프슨●●의 낭독으로 듣는 딜런 토머스의 시 〈앤 존스 이모를 추모하며〉.

11쪽. 딜런 토머스의 시에 대한 기고자들의 짧은 평.

12쪽. 시인 존 앳킨스의 낭독으로 듣는 젊은 시인 헨리 트리스의 시 세 편.

15쪽. 헨리 트리스의 시에 대한 조지 오웰, 존 앳킨스, 물크 라지 아난드,●●● 윌리엄 엠프슨 등 기고자들의 토론.

16쪽. 허버트 리드의 낭독으로 듣는 윌리엄 워즈워스의 소네트.

또한 1쪽 목차 하단에는 기고자 소개가 있습니다. 통상 잡

● 영국의 소설가, 저널리스트인 이네스 홀든(1903~1974). 보헤미안적 삶으로 알려졌다.

●● 영국의 문학평론가, 시인인 윌리엄 엠프슨(1906~1984). 《모호함의 일곱 가지 유형》으로 '신비평'에 큰 영향을 주었다.

●●● 영어로 글을 쓴 인도의 작가인 물크 라지 아난드(1905~2004). 소외된 이들을 조명하는 작품으로 유명하다.

지의 맨 끝에 싣는 기고자 소개를 우리는 첫머리에 실었습니다. 이번 호 기고자들을 등장 순서대로 소개합니다. 허버트 리드는 인도 청취자분들에게 따로 소개가 필요 없겠지만, 시인이자 평론가이며 《퇴각》과 《영문 산문 스타일》의 저자입니다. 이네스 홀든은 작품 《야간 근무》로 익히 알려진 소설가입니다. 개성적인 인물 연기로 주목받는 배우 비다 호프는 유니티 극장에 올랐으며, 허버트 파전●의 여러 풍자극에도 출연해 큰 성공을 거두었습니다. 딜런 토머스는 《사랑의 지도》, 《젊은 개 예술가의 초상》 등의 저자로, 영국 젊은 시인 중 아마도 가장 유명하지요. 현재는 다큐멘터리 영화●●를 제작하고 있습니다. 윌리엄 엠프슨은 시인으로, 《모호함의 일곱 가지 유형》의 저자입니다. 헨리 트리스는 영국 현대 시의 가장 최근 흐름이자 사실상 전쟁 이후 등장한 유일한 흐름인 '묵시록파'의 주요 대표자 중 한 명입니다. 현재 영국 공군에서 복무 중이므로 오늘 이 자리에 함께하지 못했지만, 그의 오랜 친구이자 사회주의 주간지 《트리뷴》에서 일하는 존 앳킨스가 그의 시를 낭독할 겁니다. 조지 오웰은, 바로 지금 이 방송을 진행하는 저입니다, 소설가이자 저널리스트로, 알려진 작품

● 영국의 극작가, 연출가, 비평가인 허버트 파전(1887~1945). 영국 연극계의 주요 인물이었다.
●● 딜런 토머스는 제2차 세계대전 중 영국 정부의 선전 영화 제작에 참여했다.

으로는《위건 부두로 가는 길》이 있습니다. 물크 라지 아난드는 영어로 글을 쓰는 인도 소설가입니다. 그의 가장 최근작은 얼마 전 출간된《칼과 낫》이며, 그 외에도《불가촉천민》,《찻잎 둘과 어린 순 하나》 등 다수의 작품이 있습니다. 이 방송을 듣는 인도 청취자 여러분께 따로 소개를 더 할 필요가 없을 만큼 아주 잘 알려진 작가지요.

여기까지가 3쪽입니다. 이제 4쪽으로 넘겨, 허버트 리드가 낭독하는 그의 시 〈모순적인 경험〉을 듣겠습니다. 허버트 리드가 낭독합니다.

허버트 리드가 낭독한다.

오웰 자, 이제 6쪽을 펼쳐주세요. 〈보잘것없는〉이라는 작품입니다. 이네스 홀든의 독백을 비다 호프의 낭독으로 듣겠습니다.

비다 호프가 낭독한다.

오웰 이제 10쪽입니다. 딜런 토머스의 시 〈앤 존스 이모를 추모하며〉를 듣겠습니다.

윌리엄 엠프슨이 낭독한다.

장례식이 끝나고

─앤 존스 이모를 추모하며

장례식이 끝나고, 노새의 찬송 같은 그 거리낌 없는 히힝 소리,
그 불쾌한 울음소리,
돛처럼 솟은 귀 거친 바람에 퍼덕이고, 소리 죽인 발굽 소리 탁탁
즐거이 탁탁 두툼하고 무거운 무덤의 발치에 나무못 하나 탁탁,
눈꺼풀 같은 관 뚜껑이 닫히고, 깜깜한 어둠으로 덮이는 이빨
침 뱉은 듯 흐리멍덩한 눈동자, 눈물로 짜게 전 옷소매들,
새벽 삽날이 땅에 부딪히는 소리가 잠을 깨우고
제 목 긋는 비참한 소년을 뒤흔든다
관의 어둠 속에서 소년은 마른 잎사귀를 떨구네
심판의 일격으로 뼈 하나를 부숴 비로소 빛을 향해 나아가게 한다
눈물로 채워진 시간과 가시엉겅퀴의 향연이 지나고
박제된 여우와 시들은 양치식물이 있는 방에서
여기 추모제를 위해 훌쩍거리는 이 시간
죽어 굽어 있는 앤 이모와 더불어 홀로 나는 서 있다.
지금은 죽음으로 덮인, 한때는 샘솟던 그녀의 심장이
메마른 웨일스 땅 곳곳을 두루 흐르며 웅덩이 이루고

매일의 태양을 침몰시켰었지.

(비록 이건 그녀에 대한 맹목적인 찬사로 부풀려진

괴물 같은 은유일 뿐, 그녀의 죽음은 그저 하나의 고요한 물방울이었으니.

그녀는 내가 그녀 마음의 영예라는 거룩한 홍수에 빠지길

바라지 않았으리. 그녀는 말없이, 깊이 잠들었으리라

부서진 육신을 위한 어떤 사제도 필요 없이.)

하지만 나는, 앤 이모의 시인으로서 난롯가 높은 바닥에 서서,

모든 바다에게 예식에 참여하기를 청한다

나무의 투박한 혀를 가진 그녀의 미덕이

찬송하는 머리들 위로 둥둥 떠 있는 종처럼 울려 퍼지도록.

양치류 덮인, 여우 숲의 벽들을 머리 숙이게 하고

그녀의 사랑이 갈색 예배당에 노래로 울려 퍼지게 하고

그녀의 겸허한 영혼을, 엇갈려 나는 네 마리 새로 축복한다.

그녀의 육신은 우유처럼 유순했지만, 이 하늘 향한 조각상은

야성적인 가슴과 축복받은 거대한 두개골로 우뚝 선 조각상은

어느 굴곡진 해에 슬픔으로 맹렬히 통곡하는 집 안

젖은 창문이 있는 방에서

그녀의 모습 그대로 조각한 것.

닳고 초라한 그녀의 겸허한 두 손이

경련으로 경직된 채 신앙과 함께 안식하고 있음을,

그녀의 다 낡아버린 희미한 속삭임, 눅눅한 말 속에 들어 있고,

그녀의 정신은 뻥 뚫려 텅 비어버렸다,

움켜쥔 주먹 같은 그녀의 얼굴은 둥그런 고통으로 일그러진 채 굳었다.

그리고 조각된 앤은 70년의 삶이 담긴 돌로 남겨졌다.

구름에 젖은 듯한, 이 대리석 손, 공들여

깎아 만든 목소리와 몸짓, 기도로 이루어진 묘석으로서의 이 시로,

그녀의 무덤 위에서 나를 영원히 폭풍 치게 하라

여우의 박제된 폐가 경련을 일으키며 '사랑'을 외칠 때까지

꼿꼿이 뽐내는 양치식물이 검은 창턱에 씨앗을 낳을 때까지.

오웰 이 시에 대해 어떻게들 생각하시나요? 아마 가장 먼저 나올 법한 비판은 '무슨 뜻인지 모르겠다'라는 것이겠지요. 하지만 저는 그게 정말 중요한 건가 싶기도 해요. 결국 새의 노래가 특별한 의미를 담고 있는 건 아니잖아요. 새의 행복을 표현하는 거죠.

엠프슨 게으른 사람들은 딜런 토머스의 시처럼 좋은 시를 접할 때, 그 시가 좋다는 것을 알거나, 좋다고는 들었지만 스스로 마음을 기울여 그 시를 읽지 않고는, 으레 '그저 소음'이라거나 '순전히 음악적'이라고들 늘 말하죠. 그런 비판은 터무니없고, 딜런 토머스에게는 매우 억울한 일이지요. 그의 이 시는 또렷한 외미로 가득 차 있으며, 그러지 않았다면 음악적

소리는 아무런 효과를 드리우지도 못할 겁니다. 저는 딜런 토머스보다 더 의미로 충만한 시인을 알지 못합니다. 그가 소리의 효과를 발생하는 청각적 언어의 기술을 사용하는 것도 전적으로 의미를 끌어내고 명확히 하기 위함입니다.

아난드 하지만 그의 시가 최근 들어 일반적인 산문적 관점에서 볼 때 상당히 덜 모호해진 것도 사실이지요. 예를 들어 이 시는 그의 후기 작품 대부분보다 훨씬 더 이해하기가 수월하죠. 들어보세요.

> 구름에 젖은 듯한, 이 대리석 손, 공들여
> 깎아 만든 목소리와 몸짓과, 기도로 이루어진 묘석으로서의
> 이 시로,
> 그녀의 무덤 위에서 나를 영원히 폭풍 치게 하라
> 여우의 박제된 폐가 경련을 일으키며 '사랑'을 외칠 때까지
> 꼿꼿이 뽐내는 양치식물이 검은 창턱에 씨앗을 낳을 때까지.

이 마지막 두 행은 특히 해석하기 까다롭고, 문장구조조차 좀 이상합니다. 하지만 소리의 효과 자체는 제게 아주 훌륭하게 들립니다.

엠프슨 제 생각에 딜런 토머스는 앤의 시골집 응접실에 양치식물 화분과 박제된 여우가 있다는 걸 당연하게 여기는 것 같아요. 숲과 바다 등의 비유는 물론 그녀가 지닌 본성의 드

넓은 폭과 그 강인함, 그리고 다정함을 이야기하기 위한 것일 테고요. 모호할 순 있지만, 분명 무의미한 것은 아닙니다.

앳킨스 오늘날 딜런 토머스의 기법을 상당히 많이 차용하기도 하고 그에게 적잖은 영향을 받았으면서도, 딜런보다는 의식적으로 자신의 재료를 더 잘 통제하는 시인이 한 명 있습니다. 바로 헨리 트리스입니다.

오웰 좋습니다. 그렇다면 트리스의 시를 좀 들려주시겠습니까?

앳킨스 네, 그의 시 세 편을 읽어드리고 싶습니다. 첫 번째는 〈밤에 걷다가〉입니다.

존 앳킨스가 낭독한다.

오웰 방금 읽어주신 세 편 중 첫 시 〈밤에 걷다가〉에 대한 개인적인 아쉬움은 형용사가 너무 많다는 점입니다. 그것도 어떤 형용사들입니까! '온화한' 밤, '가냘픈' 허브, '고혹적인' 백리향이라니, 마치 1913년의 조지 왕조 시대 시에서나 나올 법한 단어들이에요. 처음 이 시를 읽었을 때도 그렇게 생각했는데, 방금 낭독하시는 걸 들으니 또 다른 비유가 떠올랐습니다. 《한여름 밤의 꿈》의 한 토막, 아시죠? "그대와 내가 아련한 빛깔의 앵초 침대에 누워 있곤 했을 때" 같은 구절 말입니다. 지니치게 **달콤해요**, 아주.

앳킨스 그 말씀은 첫 번째 시에만 해당하는 거죠? 다른 두 편에도 적용된다고 생각하시는 건 아니죠?

오웰 아닙니다. 두 번째 시는 상당히 다른 범주에 속하네요. 발라드에 더 가깝죠.

엠프슨 사실 이 시는 군국주의적 정서에 대한 아주 사나운 공격입니다.

오웰 그럴 수도 있겠네요. 그런데 앞서 말씀드렸듯이, 마지막 시 〈전쟁 3년째 되던 해〉는 첫 번째 시와 유사점은 있으나, 그와 같은 결점은 없더군요. 다만 제가 말씀드리고 싶은 부분은, 이렇게 절제되지 않은 글쓰기 방식으로는 때론 터무니없을 정도로 매우 고르지 못한 효과를 얻게 된다는 점입니다.

엠프슨 잠깐 덧붙이자면, 첫 번째 시가 세 번째 시보다 훨씬 낫다고 말씀드리고 싶네요.

홀든 저는 오히려 그런 고르지 못한 효과가 마음에 듭니다. 첫 번째 시조차도 오웰 씨 말씀처럼 완전히 달콤하지만은 않아요. "피로 그리는 것은 파괴된 세상이 아니다"라는 구절은 조지 왕조풍의 삶의 모습은 아닙니다. 아주 다른 종류의 이미지죠. 그건 일종의 초현실주의죠.

아난드 저는 '낭만적'이라는 단어가 이 시들을 가장 적확하게 설명한다고 생각합니다.

앳킨스 맞습니다. 묵시록파 시인들, 그리고 제 생각엔 이 시대에 글을 쓰는 젊은 시인 대부분은 스스로를 명백히 낭만주의자로 규정합니다. 고전적인 태도에 반기를 드는 셈이죠. 게다가 그들은 바로 직전 세대의 유파, 즉 사실상 고전적이라 할 수 있는 오든-맥니스● 유파에게 그런 반발심을 훨씬 더 강하게 드러내고 있지요. 그들이 반대하는 건 고전적인 형식이라기보다는 오든-맥니스 유파가 추구하는 내용과 목적 그 자체입니다. 현대 시에 관한 맥니스의 저서에 따르면, 그의 유파가 중시하는 것은 '정보와 진술'인데요. 즉 이들이 교훈적인 시인이라는 뜻입니다. 시민이자, 나아가 정당의 일원으로서의 시인이라는 관념이 이들의 마음 깊숙이 자리 잡고 있지요. 이는 고전주의의 본질이도 한데, 시인 자신의 내면보다 외부로부터의 규율을 따르는 것을 의미합니다.

홀튼 여기서 문제는 '고전적', '낭만적'이라는 게 무엇을 의미하느냐는 거죠?

엠프슨 그의 시에 대한 그런 식의 분류는 제겐 다 무의미하게 느껴지는군요. 트리스는 아주 뛰어난 시인이에요. 이 말은 곧 그가 마음과 열정과 감각이라는 모든 도구를 다 사용하고 있다는 뜻입니다. 딜런 토머스의 시가 단지 소음뿐이 아닌 것처럼 트리스의 시가 그저 낭만적이기만 한 것은 아니에요. 트리스가 맥니스의 어떤 산문집에 반발심을 느꼈는지 여부는 전혀 별개의 문제입니다. 만약 그랬다면, 그가 옳았다고 감히

● 영국의 시인, 극작가인 루이스 맥니스(1907~1963).

말하겠습니다. 그의 글에는 시를 지탱하는 지적인 강인함이 충분히 담겨 있어요. 그의 시에 지적 깊이가 결여되어 있다는 비판은 터무니없습니다.

아난드 글쎄요, 아무도 그렇게 말하진 않았습니다.

앳킨스 저는, 제 발언을 그런 의미로 이해하셨던 것 같은데, 트리스나 그와 같은 시인들이 덜 지성적이라는 게 아닙니다. 다만 그들이 당대의 특정 관점, 특히 정치적 관점에서 좀 더 자유롭고, 자연과 같은 다른 영향에 더 개방적이라는 점에서 사실상 조지 왕조 시대의 태도로 명확히 회귀하고 있다는 말입니다. 오든과 그 유파에 대한 트리스와 같은 젊은 시인들의 비판은 그 유파의 시인들이 시 작업의 범위를 특정 관점으로만 제한하고 있다는 점입니다.

오웰 저는 이게 세대 간의 다분히 소모적인 싸움에 가깝다고 생각합니다. 소위 '고전적'이냐 '낭만적'이냐 하는 어떤 성향에 대한 선택은 그가 살고 있는 당대에 의해 상당 부분 이미 결정된다고 생각합니다. 지금 같은 시대에는 정치의 영향력에서 벗어나 있기가 정말 어렵습니다. 정치에 한정해서 오든 유파와 트리스 유파 사이에 차이가 있다면, 단순히 시대에 따른 두 종류의 정치적 관점의 차이라고 말해야 할 것 같습니다.

아난드 저는 고전주의 시대와 낭만주의 시대가 번갈아가며 나타나길 반복했고, 그 둘 사이의 차이가 오랫동안 이어져온 걸 보면, 이 둘 사이에는 무언가 본질적인 차이가 있다고 생각합니다.

오웰 좋습니다. 이제 분위기에 변화를 조금 줘보죠. 지금보다는 고전주의와 낭만주의의 구분이 좀 더 뚜렷했을 시대로 돌아가봅시다. 리드 씨, 워즈워스의 소네트 한 편을 읽어보는 건 어떨까요? 〈우리에게 세상은 너무도 버거운 것〉이라는 시 말입니다. 반복해서 들어도 질리지 않을 겁니다.

허버트 리드가 낭독한다.

우리에게 세상은 너무도 버거운 것

세상살이는 너무도 버겁구나, 밤낮,
벌고 쓰느라, 우리의 힘을 소진해버리고,
우리의 것인 자연에서 우리는 연결감도 느끼지 못하네
우리의 마음을 팔아넘겼네, 하찮은 이익에!
달빛에 제 가슴을 드러내는 이 바다,
끝없이 울부짖을 바람도,
이 순간 오므려 잠든 꽃처럼 고요해라
우리는 자연의 이 모든 것과 조화를 이루지 못하고
감동받지 못하네. 오, 하느님, 차라리 나는
낡아빠진 신앙을 먹고 자란 이교도가 되겠네,

그러면 이 평화로운 초원에 서서

내 황량한 슬픔 덜어줄 광경을 잠시나마 엿볼 수 있으리니

바다에서 솟아오르는 프로테우스●를 볼 수 있으리니,

옛 트리톤●●이 소용돌이 모양의 소라고둥을 부는 소리를 들을 수 있으리니.

(1942년 8월 11일)

● 그리스 신화에 나오는 바다의 신 중 하나. 자신의 모습을 마음대로 바꿀 수 있는 능력이 있다. 또한 뛰어난 예지력이 있어, 그에게서 예언을 구하고자 많은 이가 찾아오지만 그는 사람들을 피해 변신술로 사라져버린다.

●● 그리스 신화에 나오는 바다의 신 포세이돈의 아들. 상반신은 인간, 하반신은 물고기 모습이며, 소라고둥을 불어 파도를 다스린다.

옮긴이의 말

잘린 풀 줄기들의 마음을 깨어나게 하네

  한 사람이 시를 사랑한다는 건 어떤 의미일까? 시라는 건 무얼까. 사랑한다는 건 무얼까. 한 사람이라는 건 무얼까. 그리하여 한 사람이 시를 사랑한다는 건 어떤 의미일까? 하나의 물음은 여러 물음을 담고 있다. 하나의 물음은 물결의 일렁임 같다. 물음은 흔들림의 상태. 흔들리고 흔들리게 한다. 퍼져나가고 번져나간다. 하나의 물음과 가까이, 하나의 물음으로부터 멀리. 한 사람이 시를 사랑했다는 것, 한 사람이 시를 사랑한다는 것, 한 사람이 시를 사랑할 것이라는 것. 그것은 어떤 의미일까.

  이 책은 그런 물음으로 만들어진 책이나, 그 물음에 대한 답은 아니다. 그 물음과 함께 펼쳐지는 책장이라고 해야 할까? 한 사람이 시를 사랑했다. 한 사람이 그의 생애 속에서 시를 사랑했다. 이 책은 그런 사소한 사실에 대한 것이다. 그리하여 우리는 되묻게 된다. 한 사람이 시를 사랑한다는 것에 대하여, 한 사람이라는 것에 대하여, 나와 시에 대하여, 너와 시에 대하여, 우리와 시에 대하여, 언어와 시에 대하여, 언어와 정치에 대하여, 억압과 시에 대하여, 비자유와 시에 대하여, 타자와 시에 대하여, 자연과 시에 대하여, 파괴와 시에 대하여, 그러나 다시 어린아이와 시에 대하여. 물음은 무거움 쪽으로도 가벼움 쪽으로도 번져나간다. 어떤 헤엄처럼, 우리는 하나의 물음과 가까이, 하나의 물음으로부터 멀리.

 여기 우리가 아는, 알고 있는 혹은 들어본 적 있는 이름이 있다. 그 이름은 오웰, 그 이름은 그 자체로 오브제 같기도 하다. 조지 오웰,

 당신은 아마도 그의 소설을, 그의 산문을 읽어본 적 있을 것이다. 읽지 않았더라도 그의 이름을, 대표작을 알고 있을 것이다. 그의 이름은 지속적으로 호명된다.

 '조지 오웰'은 에릭 아서 블레어(1903~1950)가 작가로서의 자신에게 붙인 이름이다. 그가 좋아했고 잘 알던 오웰강을 따라 여행한 후 "나는 나 자신을 조지 오웰이라고 부를 거야. 왜냐하면 좋은 영국 이름이니까"라고 그는 말한다. 문학사에 또

렷이 새겨지게 되는 그 이름은 스스로의 물결에 실려, 그의 글들이 담긴 책장을 작은 노처럼 저었던 많은 이의 손길에 실려, 지금 여기 우리의 책장을 스치며 흐른다. 이 책 속에는 넓고 길게 흐르는 큰 물줄기가 아닌, 작고 가느다란 물줄기들, 시냇물, 개울가, 그곳에서 살아가는 작은 생물들, 모래톱에 묻힌 여러 모양의 조약돌, 뼛조각들, 포탄 파편들, 흔들리는 초록 덤불들 같은 글들이 담겨 있다. 이런 것들을 모아 그려보는 오웰의 초상화.

눈은 (……) 뼈에 남은
살점에 입 맞추듯 내려앉네.

한 사람이 시를 사랑했다. 한 사람이 그의 생애 속에서 시를 사랑했다. 그런 사실은 작가로서의 정체성의 전면에 드러나지 않았기에, 마치 아른거리는 유령처럼 드물게 남아 있다. 이 책은 아른거리는 오웰의 유령을, 시인의 유령을 따라가보는 일로, 혹은 오웰의 또렷한 걸음 곁을 비스듬히 흔들리며 걷는 그의 물그림자를 따라가보는 일로 시작한다.

안개 속 앙상한 느릅나무들 생각에 잠겨,
한 그루 한 그루 홀로, 꿈에 잠긴, 존재일 때,

옮긴이의 말

나는, 메마른 생각이 아닌,

뼈가 생생히 알고 있듯, 말없이, 알게 되네,

  그의 유령은 "뼈가 생생히 알고 있듯, 말없이" 안다. 알게 된다. 그의 유령은 앎이라는 사태를 호위한다. 앎은 메마르고 고정된 상태로 경직되는 일에서 분리된다. 나의 안에서, 나의 밖에서 어떤 것이, 무언가가 일어나고 있으며, 나의 윤리는 그것을 생생히 감각하게 되는 일에서 발생한다.

  앎은 완전히 포위되지 않는, 결코 완전히 포위할 수 없는, 무언가를, 무지의 거대한 여백을 꿰뚫지 못하는 채로, 속수무책인 채로, 알게 되는, 알아보게 되는 거듭되는 상태다. 그것은 우리에게 삶이 흔히 그렇게 경험되듯, 절망적으로 느껴지는 일이기도 하겠으나, 어쩌면 탄식 뒤에 숨어 있는, 숨죽인 감탄이 터져 나오는 일이기도 하다.

> 짝짓기 하는 두꺼비나 산토끼 두 마리가 설여문 옥수수를 두고 권투 시합 하는 광경을 보며 서서, 할 수만 있다면 그런 나의 즐거움을 막으려 들 그 많은 중요한 인물을 얼마나 자주 떠올려보았던가. 하지만 다행히도 그들은 막을 수가 없다. 우리가 아프거나, 굶주리거나, 겁에 질리거나 감옥이나 행락지에 갇혀 있지 않은 한 봄은 여전히 봄인 것이다. 공장에 원

자폭탄이 쌓여가고, 동정을 살피며 도시 곳곳에 경찰들이 돌아다니고, 확성기에서는 끊임없이 거짓말이 흘러나오지만, 지구는 여전히 태양 주위를 돌고 있다. 독재자들과 관료들이 마음속 깊이 아무리 자연의 작용을 못마땅하게 여긴들 그것을 막을 수는 없다.

그의 유령은 감탄한다. 긴 겨울 동안의 오랜 굶주림 끝에 겨울잠에서 깨어나 땅 위를 느른하고 결연하게 기어가는 금록석 눈 반짝이는 두꺼비에. 그의 유령은 감탄한다. "폭격 맞은 자리에 선 딱총나무에 움트는 연둣빛 새순"에, 연기를 내뿜는 가스 공장 위로 날아가는 황조롱이에, 어느 펍의 뒤뜰 아이들의 즐거운 비명이 들리는 미끄럼틀에. 그의 유령은 "종묘장에서 떨이로 파는 묘목 묶음"을 푼돈에 사 와 시골집 뜰에 옮겨 심는다. 그의 유령은 인근 농장의 말들이 우연히 시골집 울타리 밖에 멈춰 섰다 지나갈 때 묘목에 거름하려 양동이를 들고 나가 말들의 분변을 담아 온다. 그의 유령에게 앎이란, 전쟁 중에 학살된 나무들을 알아보는 일이며, 그 불모지에 다시 자라날 나무들을 예비하는 일이다. 오웰의 글 속에 흩어져 있는 이 사소한 나열들은, 그의 짧은 생애 대부분을 제국주의와 제1차 세계대전, 스페인 내란과 대공황, 제2차 세계대전과 전체주의의 무참함과 폭력, 억압과 절망을 살아내야 했던 한 사람이 숨죽인 김던과 함께 희망을 아끼며, 희망을 살았던 흔적들이다.

옮긴이의 말 | **203**

땅 위에, 하늘 아래,
꾸밈없는 영혼으로,
살아 숨 쉬며 자유롭게.
가을바람 산들거리며 바스락거리고
우리 발치 잘린 풀 줄기들의 마음을 깨어나게 하네,

"잘린 풀 줄기들의 마음을 깨어나게" 하는 일, 그것은 자유에 대한 감각을, 생명에 대한 감각을 회복하는 일이다. 절망의 언어로 적힐 때에도, 시는 희망의 기미를 감지하며, 희망의 뿌리들을 예비하고자 하는 시도다.

오웰은 '나무와 물고기, 나비와 (그의 경우엔) 두꺼비 같은 것들에 대한 어린 시절의 사랑을 간직함으로써 보다 평화롭고 생명의 품위가 지켜지는 미래를 가능하게 할 수 있다고' 생각한다. "철과 콘크리트 말고는 아무것도 감탄할 것이 없다는 교리가 설파되면 인간은 오직 혐오와 지도자 숭배밖에는 남아도는 에너지의 배출구를 찾지 못하게 되리라고" 말한다. 그의 정치적 글쓰기의 아주 깊은 곳에는 자연에 대한 감탄과 사랑이 자리하고 있다. 사소한 것처럼 보이는, 자연에 대한 어린 시절의 사랑과 감탄의 능력을 간직하는 일은 그를 용기 있는 목소리로 자리하게 한다.

내 글을 주의 깊게 읽어본 사람이라면, 노골적인 선전문이라 해도 전업 정치인이 보기에 엉뚱하다고 여길 만한 내용이 많이 담겨 있다는 걸 알아차릴 것이다. 나는 어린 시절에 체득한 세계관을 완전히 버릴 수도 없고, 버리고 싶지도 않다. 나는 건강히 살아 있는 한 산문 형식에 계속 애착을 느낄 것이고, 이 세상을 계속 사랑하며, 구체적인 사물과 쓸모없는 정보 조각에서 계속 즐거움을 느낄 것이다. 나의 이런 면을 억누르려고 해봐야 아무 소용 없다.

작가가 글쓰기를 업으로 삼기도 전에 이미 그 안에서는 어떤 정서적 태도가 형성되며, 그것은 그가 결코 완전히 벗어날 수 없는 무엇이다. 물론 자신의 기질을 단련하고, 어떤 미성숙한 단계나 비뚤어진 심리 상태에 갇히지 않도록 노력하는 것은 의심할 여지 없이 그가 할 일이지만, 초기의 영향에서 완전히 벗어나버린다면, 글을 쓰고자 하는 충동 자체가 없어져버릴 것이다.

아이들은 놀이를 통해 살아간다. 아이들은 놀이를 통해 살아 있음에 대한 그들의 사랑을 매 순간 실천한다. 그것은 새로운 세대의 삶을 살아가고자 하는 내재된 충동이자 의지다. 시는 가장 슬픈 감정을, 가장 억압된 감정을 건드릴 때에도 놀이를 통해 나다닌다. 놀이는 보답을, 보상을 바라지 않는다. 놀이는 한순간 일어나며, 놀이의 순간이 이어지다가, 놀이를 떠나며 갑작스레 중단된다. 누구도 아이들에게 '놀아봐'라고 말할 수 없다. 놀이는 그야말로 자발적인 충동이자 의지인 것이다. 놀이는 자유에 대한 감각과 의지를 경험하며, 보호하는 일이다.

언어 속에서 태어나 언어 속에서 살아가다 언어 속에서 삶을 마치게 되는 우리에게 시는 언어로 쉬는 숨이다. 시는 몹시도 사적인 언어이자, 소수 언어이면서 동시에 언어적 허파를 공급하는 일이다. 무수한 숨결이 섞이며, 언어는 어떤 활력을 공급받는다. 무수한 숨결이 섞이며, 언어는 통제되기를, 굳어지기를, 살균되기를 거부한다.

   (……) 나는 여기 서서,

더욱 날카로운 아픔으로,
내 치명적인 병을 느끼네, 어찌하여 나약하고
공허한 유령들에게 내 마음을 주고는,
살아 있는 것들과 함께 살 수 없는지를.

그럼에도 그가 시를 쓰는 자리, 언어의 자리는, 공허한 유령처럼 보이는 것들의 자리를 마련하는 것이 아니었을까. 지배적인 이쪽과 저쪽의 사이에서 그사이를 배회하며, 견디며,

의심의 시간을 견디며, 의심과 물음을 지속하며, 순순히 받아들이지 않으며, 어리석음을 저지르기도 하며, 그러나 시간 속에서 자신의 윤리를 갱신하며.

> 어떤 논리로도 떨쳐낼 수 없는 슬픔이
> 내 심장을 꿰뚫네, 다가오는 겨울을 생각하며,
> 5월의 유령처럼 번득이는 그 덧없는 빛을 생각하며,

외로움과 죽음은 그에게 늘 가까운 것이었다. 강철같이 단단하게 느껴지던 산문작가로서의 오웰의 낯빛 아래로 섞이는 또 하나의 얼굴.

> 한순간 여름 같은 가을볕이 쏟아져,
> 단풍 드는 느릅나무 잎을 푸르고 환하게 비추네,
> 비스듬히 떨어져 땅에 붙어 시들어가는 금잔화를
> 다시 타오르는 빛으로 물들이네, 저물어가는 한 해의 마지막
> 불꽃처럼.

때로 그에게 시는 늦가을의 한순간 쏟아지는 여름 같은 볕, 병든 이의 침상 곁에 작은 빛을 떨어뜨리는 불꽃 같았을까. 그의 마음에 스르르 켜졌다가 스르르 꺼지는, 가물거리며 되살아나는.

이 책은 한 사람이 그의 생애 속에서 시를 사랑했다는 사소한 사실에 관한 것이다. 이 사소한 사실이 그의 모든 정치적, 문학적 작업과 어떻게 연결되는지, 그의 시적 자아와 산문 형식 간에 어떤 교차가 발생했는지를 들여다보는 것도 책 읽기에 묘미를 더할 것이다.

심지아

휴머니스트 세계문학 45
한순간 여름 같은

1판 1쇄 발행일 2025년 8월 11일

지은이 조지 오웰
옮긴이 심지아

발행인 김학원
발행처 (주)휴머니스트출판그룹
출판등록 제313-2007-000007호(2007년 1월 5일)
주소 (03991) 서울시 마포구 동교로23길 76(연남동)
전화 02-335-4422 **팩스** 02-334-3427
저자·독자 서비스 humanist@humanistbooks.com
홈페이지 www.humanistbooks.com
유튜브 youtube.com/user/humanistma **포스트** post.naver.com/hmcv
페이스북 facebook.com/hmcv2001 **인스타그램** @boooook.h

편집주간 황서현 **편집** 김대일 이성근 **디자인** 김태형
조판 아틀리에 **용지** 화인페이퍼 **인쇄·제본** 정민문화사

ISBN 979-11-7087-359-4 04840
　　　979-11-6080-785-1 (세트)

- 이 책은 저작권법에 따라 보호받는 저작물이므로 무단 전재와 무단 복제를 금합니다.
- 이 책의 전부 또는 일부를 이용하려면 반드시 (주)휴머니스트출판그룹의 동의를 받아야 합니다.

휴머니스트 세계문학

시즌 1. 여성과 공포

001 프랑켄슈타인
메리 셸리 | 박아람 옮김
002 회색 여인
엘리자베스 개스켈 | 이리나 옮김
003 석류의 씨
이디스 워튼 | 송은주 옮김
004 사악한 목소리
버넌 리 | 김선형 옮김
005 초대받지 못한 자
도러시 매카들 | 이나경 옮김

시즌 2. 이국의 사랑

006 베네치아에서의 죽음·토니오 크뢰거
토마스 만 | 김인순 옮김
007 그녀와 그
조르주 상드 | 조재룡 옮김
008 녹색의 장원
윌리엄 허드슨 | 김선형 옮김
009 폴과 비르지니
베르나르댕 드 생피에르 | 김현준 옮김
010 도즈워스
싱클레어 루이스 | 이나경 옮김

시즌 3. 질투와 복수

011 폭풍의 언덕
에밀리 브론테 | 황유원 옮김
012 동 카즈무후
마샤두 지 아시스 | 임소라 옮김
013 미친 장난감
로베르토 아를트 | 엄지영 옮김
014 너희들 무덤에 침을 뱉으마
보리스 비앙 | 이재형 옮김
015 밸런트레이 귀공자
로버트 루이스 스티븐슨 | 이미애 옮김

시즌 4. 결정적 한순간

016 노인과 바다
어니스트 헤밍웨이 | 황유원 옮김
017 데미안
헤르만 헤세 | 이노은 옮김
018 여행자와 달빛
세르브 언털 | 김보국 옮김
019 악의 길
그라치아 델레다 | 이현경 옮김
020 위대한 앰버슨가
부스 타킹턴 | 최민우 옮김

시즌 5. 할머니라는 세계

021 도련님
나쓰메 소세키 | 정수윤 옮김
022 사라진 모든 열정
비타 색빌웨스트 | 정소영 옮김
023 4월의 유혹
엘리자베스 폰 아르님 | 이리나 옮김
024 마마 블랑카의 회고록
테레사 데 라 파라 | 엄지영 옮김
025 불쌍한 캐럴라인
위니프리드 홀트비 | 정주연 옮김

시즌 6. 소중한 것일수록 맛있게

026 식탁 위의 봄날
오 헨리 | 송은주 옮김
027 크리스마스 잉어
비키 바움 | 박샹자 옮김
028 은수저
나카 간스케 | 정수윤 옮김
029 치즈
빌럼 엘스호트 | 금경숙 옮김
030 신들의 양식은 어떻게 세상에 왔나
허버트 조지 웰스 | 박아람 옮김

시즌 7. 날씨와 생활

031 이방인
알베르 카뮈 | 박해현 옮김
032 루시 게이하트
윌라 캐더 | 임슬애 옮김
033 메마른 삶
그라실리아누 하무스 | 임소라 옮김
034 결혼식을 위한 쾌적한 날씨
줄리아 스트레이치 | 공보경 옮김
035 값비싼 독
메리 웨브 | 정소영 옮김

시즌 8. 나의 기쁨, 나의 방탕

036 주홍 글자
너새니얼 호손 | 박아람 옮김
037 뾰족한 전나무의 땅
세라 온 주잇 | 임슬애 옮김
038 상하이 폭스트롯
무스잉 | 강영희 옮김
039 사생아
이디스 올리비어 | 김지현 옮김
040 미스 폴
E. H. 영 | 정연희 옮김

041 어둠의 심장
조지프 콘래드 | 황유원 옮김
042 왈츠는 나와 함께
젤다 피츠제럴드 | 최민우 옮김
043 위대한 개츠비
F. 스콧 피츠제럴드 | 황유원 옮김